満州事変はなぜ起きたのか

筒井清忠
Tsutsui Kiyotada

Cs
022

中公選書

満州事変はなぜ起きたのか——目次

本文ＤＴＰ／今井明子

満州事変はなぜ起きたのか

はじめに

1941年（昭和16年）に始まった日米戦争＝太平洋戦争に日本は敗北し憲法改正と戦後改革が行われ今日の日本ができた。だから今日、理解しておかなければいけない最終的問題は日米戦争がどうして起きたかであろう。しかし、この日米戦争は1937年（昭和12年）に起きた日中戦争に際して、アメリカが中国に加担していったことに起因している。もちろん日中戦争は必ず太平洋戦争に結びついたというわけではないが、日米戦争＝太平洋戦争はかなりの程度日中戦争が原因で起きたといってもよいだろう。

では、その日中戦争はどうして起きたのか。これはかなりの程度、満州事変（1931年・昭和6年）が原因で起きている。ここでも、事変後日本と中国の関係が改善する時期もあるので満州事変が起きたから必ず日中戦争が起きたというわけではない。が、両者がかなりの程度強い関係を持っていることは誰も否定しないであろう。

そうすると問題はその満州事変はどうして起きたかということになる。が、これは、「日米戦争はかなりの程度日中戦争が原因になった」というほどに簡単ではない。日露戦争が終わった明治の終わり頃から満州事変が始まる昭和初期までのかなり長いタイムスパンにわたっての複雑な歴史を知っておかなければ理解できないであろう。

それではこの時代、どのような出来事があり、どのようにして満州事変に至ったのか。調べてみるとわかることは、この時代の個別的な事件や人物の研究は他の昭和期に比べるとあまり多くないうえ、比較的存在している時期でも、研究の専門化が進んだ現在、それらは個別に放置されたままだということである。これでは前記の問題はわからないままであろう。そうした個別的成果を結び合わせながら、満州事変に至る過程を明らかにする試みは誰かがやらねばならぬ状況にあるともいえる。本書は筆者自身の研究と多くの新しい研究の成果を総合して、満州事変の起源を長い時間のなかに明らかにしていく試みである。

満州事変に至るまでの時代に、何がどう起きていったのか。まずは日露戦争直後の状況から始めることにしたい。

第一章
日露戦争直後の米中との関係と「大衆」の登場

(1) 日露戦争の遺産としての関東州(遼東半島)と満鉄沿線

日露戦争後の1905年、ポーツマス講和条約により関東州と満鉄沿線は日本の租借地になった。

関東州とは旅順・大連を含む遼東半島先端部のことである。満鉄沿線というのは正確には東清鉄道南部支線の南部約3分の2にあたる長春─旅順・大連間をいう(関東州は1906年に置かれたもので、満鉄は1906年にできた南満州鉄道株式会社の略称なので正式には1906年からの呼称だが、ここでは便宜上最初から二つともこう呼ぶことにする)。

関東州は、日清戦争後、一旦日本の租借地になろうとしたところを露独仏による三国干渉

小村寿太郎

により清国に返還され、その後１８９８年ロシアが清国から25カ年間の期限で租借したところである。しかし、日露戦争後の１９０５年、ポーツマス講和条約によりこれは日本の租借地になった。

一つの問題は、同じ頃に日本の桂太郎首相とアメリカの鉄道王ハリマンとの間に南満州鉄道の共同管理覚書が交わされたことから生起した。桂首相らは、日露戦争で経済的に疲弊した日本はアメリカの資本を満州に入れることによって利益を出したほうが国益に適《かな》うと考え、これを行ったのであった。

しかし、講和条約を締結しポーツマスから帰国した小村寿太郎外相は、帰国と同時に積極的な反対活動を始め、結局この覚書の破棄通告を出させる。さらに中国に渡った小村は、ロシア権益の継受や満鉄併行線の禁止等を取り決めた「満州に関する日清条約」を締結し、それを日本の権益として確保することに成功した（細かい点についての交渉はさらに続けられ、間《かん》島《とう》と満州５案件に関する日清協約が１９０９年に締結されている）。

小村は、ポーツマス講和条約で大きな譲歩をした日本としては、満鉄という満州の重要な権益は日本が確保しておかなければ国民が納得しないと考えてこれを実行したと見られている（小村はアメリカでハリマンと対抗するモルガン系の会社との提携交渉をすでに行っていたからだ、とする説もある。片山、182）。

かくしてアメリカのハリマンの計画は頓挫した。

ここから日露戦争後、関東州と満鉄沿線が日本の権益となるのとほぼ同時に満州へのアメリカの資本受け入れ問題が発生したことがわかる。中国との間に生じる問題は最初からアメリカとの関係という問題をいわば「随伴」していたのである。

こうして見ると、山県有朋が、第一次世界大戦が起きた1914年の対支政策意見書で、「対支政策を確定しこれを実行するに当たり最も意を用いざる可からざるは即ち対米政策なり」とし（大山編、344）、「欧州の大乱」により、ヨーロッパよりも「富裕」なアメリカの「商工業と貿易」の目が中国に向かうことを何よりも警戒した事情がよく理解できるだろう。

この基本的関係はずっと続き、ワシントン会議という大正後期・昭和初期の日中にとって最も重要な会議の開催、米中による関税同盟の締結等による日本の孤立化、満州事変後の日本非難のスティムソン・ドクトリンの発表、そして最後には、中国サイドからのアメリカの日中戦争への関与とそれが招く日米戦争にまで至るのである。

(2)「満州問題に関する協議会」(1906)

次に起きた大きな問題は、日露戦争後も陸軍が満州に留まったまま軍政を敷き続けることが英米から抗議されるという国際的紛議が起きたことであった。当事者の児玉源太郎参謀総長と後藤新平コンビは廈門《アモイ》事件の時もそうだったが、軍政を長期化しその後に統合的植民政策を実施すべきだと考えていたと見られるのである(鶴見祐輔『後藤新平1』、732―754。『田中義一伝記 上』、557―559。佐藤誠、246―247、255)。

＊廈門事件＝1900年の義和団事件に際し、廈門の東本願寺布教所焼失を名目に児玉源太郎台湾総督・後藤新平民政長官が海軍陸戦隊を上陸させ、さらに増援部隊を送り廈門を占領しようとしたのを、英米等列強の抗議により伊藤博文がやめさせた事件。明治時代にすでに「陸軍独走」の萌芽はあったのだが、伊藤らが押さえたわけである。

そこで行われたのが1906年の「満州問題に関する協議会」であった。

在満陸軍問題を主要議題としたこの政府首脳の会議(山県有朋枢密院議長・西園寺公望首相・

寺内正毅陸相・斎藤実海相・林董《ただす》外相ら13名出席）では、伊藤博文韓国統監が児玉源太郎参謀総長を完全に圧伏した。伊藤は「満州方面に於ける日本の権利は、講和条約に依って露国から譲り受けたもの、即ち遼東半島租借地と鉄道の外には何物も無いのである。（中略）満州は決して我国の属地ではない。純然たる清国領土の一部である」と発言し、軍政撤廃を決議したのである（栗原、23。千葉、171－173）。こうして、1906年に関東都督府を設置、1919年にこれは関東軍と関東庁に分離される。一方、1907年に清国は奉天（遼寧）、吉林・黒竜江という東三省を設置することになる。

児玉源太郎

吉田松陰門下の伊藤は児玉より11歳年長で、早くから志士的活動をしていたのに対し、児玉は戊辰戦争が初陣という大きなキャリアの違いがあったことがこの事態の基本であろうが、在満陸軍問題の解決に際し、伊藤は見事なリーダーシップを発揮したのである。また、この時、文官による陸軍のコントロールが実行されたといえなくもないであろう。

そして、そこでは日本の権益の明確化・限

定化が行われていることが重要である。この認識のまま進めば、日中の間に戦争が起こるようなことは考えられないことであった。

また一方で、この時は日中の間に後年ほどの深い関係がなかったということも指摘できるであろう。関東州にいる日本人はまだわずかであった。当然のことながら中国在住の日本人が増え貿易が盛んになり、両者に密接な関係が深まりだしてから対立も目立ち始めるのである。

伊藤博文

また、伊藤は満州の軍政を排し、権益の明確化・限定化を行って事なきを得たのだが、この時期は、中国が日本の条約上の権益自体を否定してくることなど、まだ考えられないことでもあったといえよう。後に見るように第一次大戦後、民族自決権という大きな国際的背景のなか、中国はこれを提起してくることになる。伊藤ならば、これを処理しきれたであろうか。伊藤ら明治人には予期できなかったと思われる事態が大正後期には起きるのである。

(3) 日比谷焼打ち事件(1905)

日露間の講和条約に反対していた大衆には早くから不穏な動きがあった。新聞には連日のように「日本が勝った、勝った」と勝利の報道が掲載されていたのに、講和条約では樺太の南半分と遼東半島などわずかなものしか賠償として取れなかったと考えられたからである。日露戦争では6万~7万人という多くの死者が出ていたので、その遺族たちを中心にして非常に不満がたまっていたのだった。事態の危険性を察知した警視庁は9月5日、国民大会会場の日比谷公園を封鎖した。

しかし、その警官隊を突破した群衆が今度は内相官邸、二重橋、京橋新富座近くなどで警官隊と衝突、市内各所の警察署・派出所・交番を焼打ちし、政府寄りと見られた国民新聞社も襲撃、路面電車を襲い、教会も攻撃した。6日深夜に東京市と周辺の府下5郡に日本で初めて戒厳令が施かれた。こうしてその後、神戸・横浜など全国で約1カ月騒擾が続く。死者17人、負傷者約2000人、検束者約2000人、兇徒聚衆《しゅうしゅう》罪(現在の騒乱罪)311人、うち87人が有罪であった。

ここで初めて日本の政治に群衆・大衆というものが登場してきたのである。この後、桂太

1905年9月5日、東京日比谷で日露講和条約に反対する国民大会がひらかれた。このとき暴徒化した大衆が現れる

郎首相を倒す第一次護憲運動（1911）、あるいは米騒動（1918）・反排日移民法運動（1924）などの群衆騒擾事件が続く。言い換えると、こうした実力行動すら伴って沸き上がる大衆の世論が、大正・昭和初期の中国との関係においても重要になっていくのである。一言でいえば「大衆の時代」の日中関係が始まりつつあったのだといえよう（日比谷焼き打ち事件については、中筋直哉『群集の居場所――都市騒乱の歴史社会学』新曜社（2005）などの研究があるが、これを反排日移民法運動に至るまでにつなげて本格的に研究したものはない）。

第二章

第一次大戦期の日中関係（対華21カ条要求問題）

その後日中間には、辛亥《しんがい》革命から第一次世界大戦の勃発へと至る間、複雑な事態が続いていくが、このうち、その後の日中間の関係を見ていくうえで最も重要なのは第一次世界大戦時の対華21カ条要求問題なので、これだけをまず取り上げて見ておくことにしたい。

第一次世界大戦に英米連合国側で参戦し山東半島を攻略した日本は1915年1月18日、対華21カ条要求を提出した。このうち満州権益の租借期限延長等にかかわる第1号から第4号までに比し、中国の好意的配慮を要請する第5号（日本人の政治経済軍事顧問雇用・日中合同警察設置要求等）は最初秘匿して交渉されたものであった（第3号第2項も秘匿されていたが）。

それは内政干渉的と受け止められた内容であったうえ、それを中国側が対外的に巧みに宣伝暴露するなどのこともあり、加藤高明外務大臣の外交交渉は大きく失敗したと見られるこ

加藤高明

とになった。
交渉において最大の回数が割かれているのは、むしろ第2号の南満州の居住権設定に随伴する土地関連訴訟の管轄権の問題の方であったことが最近明らかにされているが、結局、5月25日に調印された内容は基本的に第5号を削除したもので、山東省のドイツ権益継受の事前承認・新居住権の設定や満州権益の99カ年延長等であった。

第一次大戦に参加した日本は山東半島の青島《チンタオ》を攻略、山東省のドイツ権益を得ようとしたのであるが、これは中国へ返還することが目的にされており、日本の真の意図は１９２３年に期限が切れ返還しなければならなくなるロシアから譲り受けた在満権益の確保の方であった。そこから、５号は他の要求を通すための交換条件であったとする北岡伸一氏の見解も現れたのである（北岡説をめぐる論争については、川島「二十一箇条」、１２０－１２２、１３１があり、川島氏は「取引材料」が含まれることを中国政府は承知していたとしている。これに対し、宮田、１９５－２１０もある）。

受諾の5月9日を「国恥記念日」とするなど中国の反発は激しく、1919年のパリ講和会議で反発はさらに大々的に火を吹く。講和会議では山東半島権益は一旦日本に譲渡される方針となったのだが、それは5・4運動と呼ばれる大規模な反日運動を誘発、ために中国代表団は調印を拒否し帰国することにまでなったのである。

その後、反日運動は1年近く継続され、1920年に日本は中国に山東半島問題の交渉を提議するが、中国が拒否するなどのことがあった後、結局1922年のワシントン会議で「山東懸案解決に関する条約」が締結され、山東半島は中国に返還されることが決定される。すなわち後から返還することになるものをめぐって日本は数年にわたり争ったわけで、今日からすると不可解な感もあるが、日本側の事情としては、攻撃・占領にあたり死傷者（1968名）も出ており、またこれ以前に（後述のように）中国側による一連の暴行事件が起きていたので、それらへの鬱憤がたまっていたという背景もあったのである。

従って、21カ条要求を出した時、議会も新聞・雑誌世論も加藤外相を批判したのだが、それらはほとんど強硬論の立場からなのであり、主要紙の朝日新聞は一貫して要求貫徹論であった。

とくに大阪朝日は5号公開後も「終始要求貫徹あるのみの一本槍」であった。良識ある言論人として知られていた吉野作造すら「我国の最小限度の要求を言現わしたもの」とし、第

青島攻略戦を指揮した神尾光臣司令官の凱旋歓迎に集まる群衆。1915年12月18日

5号の削除を「遺憾」としていたのである。国民のこれだけの後押しなしに出しえない要求なのであった。このことは今日忘れられているようだ（奈良岡、59—89。ディキンソン、48。三谷、190）。

対華21カ条要求については、内容の問題と交渉プロセスの問題を分けて考える必要がある。内容に関しては当時の世界全体で比較して見た時必ずしも無理な要求ではなかったとする研究者もあるが、少数説といえよう。一方、5号問題は交渉において秘密にしておき駐英大使にも知らせていなかったため、イギリスから聞かれても「存在しない」と返答しておいて後に存在することを認めることになり、イギリスのみならずアメリカの不信も招いたのである。列強への交渉術に大きな失敗があったことは否定できないであろう。

すなわち、アメリカが問題にした日本の警察顧問派遣問題は実際は早く解決しているので誤解であったことなどもあるとはいえ、国際世論対策に失敗があったことは否定できないのである（全体にわたり宮田、195―218を参考にした）。

外務大臣であった加藤高明に、開戦劈頭《へきとう》に福建省に出兵しようとするなど独断行動をしがちな陸軍を押さえるなどの功績があったことは事実である（波多野、112―118）。しかし、各省庁等の要求を丸呑みしようとし、また元老の口出しを防ぐ外相主導外交を企図するなどの事情も背景にあって実施したこととはいえ、結局、西園寺公望ら元老の評判を落とし、信頼を回復するには長期の時間を要することになったのだった。

ただ、加藤は、中国対策を含めた国際世論対策に失敗するとともに、政府内の調整・国内世論対策にも失敗したわけだが、中国と日本の関係が深まるにつれ多くの摩擦が生じ始めていたことも配慮せねば、その行動の背景はよく理解できないように思われる。そこで次に、この大正期の交流と摩擦の実態を見ていくことにしたい。

第三章
中国国内政治と日本（陸軍）

まず、中国の国内政治に日本が関与していた実態を見ていこう。この時期、日本は中国政治の奥深くに入りこみ、その政局に大きくコミットすることになっていたのだった。

1911年に起きた辛亥革命の一つの有力な根拠地が中国同盟会の本拠地東京であったこと、そして武昌起義（蜂起）とともに宮崎滔天《とうてん》・北一輝ら少なからぬ日本人が中国に渡り革命を支援したことはよく知られているので、詳しく叙述するまでもあるまい。

中国革命最初の烽火となった1900年の恵州起義には日本人の山田良政が参加して死んでいる。その山田を顕彰するため1919年に山田の故郷弘前に建てた碑で、孫文は「山田良政先生は弘前の人なり。庚子閏八月、革命軍恵州に起つ。君身を挺して義に赴き、遂に戦死す。嗚呼《ああ》其人道の犠牲、亜州《アジア》の先覚たり。身は湮滅《いんめつ》すと雖《いえど》も、而も其《その》志は朽ちず」と書している。これは極めて高い評価であり、また日本人の支援への期待であるといってもよい。山田の弟純三郎など、この後も中国の革命に挺身した多くの日本人がいたのである。

辛亥革命に対し西園寺公望内閣の日本政府は、最初、経済的勢力の扶植・列強との協調・満州の現状維持という方針を決めており、後に立憲君主制による落着を期することになるが、陸軍には様々な志向があった。

中国大陸の内乱に対し列強が出兵した場合、日本が最も重い負担を背負わされながら、結局、権益を拡大するのは欧米、というのが最も警戒されたパターンであり、ここから満州への単独出兵・中国本土への共同出兵論というものが出てくる。そこからはさらに中国が分立している方が好ましいという議論まで出てくるが、山県や寺内ら陸軍中枢はずっと安定政権の確立とそれとの協調を望んでいた（宮田、159—160。北岡『日本陸軍』、190—229）。

孫文

また、現地上海にいた陸軍の本庄繁少佐などは革命軍を支援し、武器入手などの便宜を図っている。現地軍が政府の意向と無関係に動くというのは昭和に始まったことではない。
また、外務省の駐清公使伊集院彦吉は革命勃発当初は、日本軍の出兵を企図し、機を逸したとみるや列国の猜疑を恐れて協調路線に乗り換え、今度は逆に陸軍の大規模出兵計画を挫折させている。事態は錯綜しており、その整理は一筋縄でいかないところがあるのである(桜井、32—38)。

しかし、いずれにせよ革命は1912年の袁世凱の大総統就任によって裏切られることになった。これに対して1913年、第二革命が起きるが、袁世凱に抗した革命派は敗北、孫文・黄興ら南方の革命派は日本に亡命する。この時、参謀本部や出先軍人は南方派を支持していた。これが後述の北軍(袁世凱軍)の暴行の一原因となるのである。

続いて1915年には帝制を実施しようとした袁世凱に抗して、唐継尭《とうけいぎょう》ら指導者に陸士(日本の陸軍士官学校)出身者が多かった雲南軍が蜂起した。こうして第三革命が起きる。日本陸軍は排袁策をとり、雲南軍軍事顧問に山県初男少佐を派遣し、唐継尭を支援した。1916年3月大隈内閣は排袁策を閣議決定しているから、これは政府の方針と一致したものとなる。

また、山県少佐は、利害を度外視しても雲南軍を助けるべきであり、それは「日本古来の美風たる仁俠の道」だとしている(北岡『官僚制』、126)。こうした発想に似たものは、1

912年・1916年と二度にわたり試みられ挫折した川島浪速《なにわ》らの満蒙独立運動にも見られるが、川島らの運動は日本・陸軍の利益と密接に絡んだ性格の強いものであった。

翌1916年、帝制を目指した袁世凱は死去。黎元洪《れいげんこう》が大総統となり、段祺瑞《だんきずい》が総理を務める時代が始まった。それは各地に軍閥が割拠する軍閥時代の始まりでもあったが、日本が中国政治の中枢にいっそう本格的に関与する時代の始まりでもあった。

1917年、第一次大戦参戦問題をめぐって黎元洪大総統と段祺瑞総理が対立をはじめた。5月、黎大総統は段総理を罷免。しかし、天津に去った段の勢力は強力なため、黎は安徽督軍の張勲とその軍を北京に入れた。ところが、張勲は7月突如復辟《ふくへき》（清朝の復活）を挙行、黎大総統は日本公使館に保護を求めるという事態が生起した。これに対して段は復辟に反対を表明、段軍は北京に入り、復辟は10日余りで失敗した。復辟を挫折せしめた段は総理に復帰、馮国璋《ふうこくしょう》を大総統に就任させた。

こうした段を日本は積極的に支援していた。寺内内閣（1916～18）による段政権支持は西原借款と呼ばれる1億4500万円の巨額の中国への提供となった。この寺内内閣の借款はアメリカのシカゴ銀行と中国との借款（1916年11月成立）を意識して行われたもので、満鉄などには日本単独で融資するが山東省の運河改修借款は日米共同で行うことになっていた（鈴木監修『西原借款資料研究』10－11。北岡『日本陸軍』、235－260）。日本は決して排他的ばかりであったわけではない。

また、段政権の第一次大戦用の軍隊＝参戦軍3個師団は日本陸軍の坂西《ばんざい》利八郎少将が編成・教育をしており、日本の支援で維持されていたものであった。

その後、段は浮沈を繰り返すが、寺内内閣の総辞職により後援を失ったことになり、1918年10月総理を辞任する。寺内内閣に代わった原敬内閣は段の支援をやめ不干渉政策をとることとし、欧米関係国とともに南方の孫文らと妥協することを勧告した。

以後の軍閥抗争時代、とくに中枢の北方には大きく三つの軍閥があった。それは以下の三派である（孫文らはこれらと別の南方派ということになる）。

①安徽派――段祺瑞
②直隷派――馮国璋・曹錕《そうこん》・呉佩孚《ごはいふ》
③奉天派――張作霖（軍事顧問：町野武馬・本庄繁）

このうちまず、安徽派と直隷派が戦ったのが1920年の安直戦争であった。すなわち、安徽派の段祺瑞と直隷派の曹錕の軍隊が激突したのだが、この戦争は奉天派の張作霖が直隷派の曹錕を支援したことにより直隷派の勝利に終わった。戦争に際して、安徽派の段は日本の援助を喧伝して立場の強化を図り、実際再三支援を要請している。また、日本の支援で作った参戦軍の後身である辺防軍を使用して敗北したのだった。これに対して直隷派の曹錕は、安徽派の段祺瑞の日本への依存を批判することで反日世論の動員を図っている。そして、日本自体は絶対不干渉政策をとっていた。

その後、1921年には原内閣が、日本に近かった奉天軍の張作霖の関内進出には支援を拒否すると決定するなどのことがあった後、その翌年1922年に起きたのが第一次奉直戦争であった。

この戦争は、奉天軍（張作霖）対直隷軍（呉佩孚）の戦争で、直隷軍が勝利した。この戦争では本庄繁が奉天軍を指揮しており、町野も助言をするなど、日本陸軍の関与は軍隊の指揮にまで及んでいた。しかし日本政府自体は不干渉政策を守っている。

ここで敗れた張作霖は以後、安徽派の段祺瑞・南方派の孫文と三角同盟を形成、呉佩孚の直隷軍への再度の挑戦を期していく。

そして起きたのが1924年の第二次奉直戦争であった。張作霖の奉天軍と呉佩孚の直隷軍とが再び戦争をしたのだが、呉佩孚の部下馮玉祥がクーデターを実施したため、呉佩孚の直隷軍の敗北に終わった。この時、幣原喜重郎外相は不干渉政策を実施したのだが、日本陸軍が馮玉祥のクーデターを背後で工作していたというのが真相であった。張の勝利は日本陸

張作霖

軍の力に大きく依存したことによるのであった。

この後、さらに日本陸軍の力を示したのが1925年に起きた郭松齢事件であった。これは、第二次奉直戦争に勝利し、華北から華南へと勢力を拡大していった張作霖に対し、直隷派の孫伝芳が蹶起したところから始まる。

孫軍は江蘇省・安徽省を奪還したのだが、11月になると、直隷省にいた奉天軍の最精鋭部隊の司令官郭松齢は、（張作霖の息子の）張学良擁立・国民党軍との停戦等を要求して軍5万を率いて張に反乱を起こしたのである。奉天にいた張作霖は「半狂乱状態で自殺を計ろうとした」（臼井『日本と中国』、263）。町野武馬大佐らが張作霖を励ます渾身的努力をし、歩兵二大隊・野砲二中隊の奉天省派遣や満鉄付属地域両側に軍事行動禁止区域を設定したことなどにより郭松齢軍は敗北、郭は銃殺となった。この時、郭松齢の背後にいた馮玉祥はソ連とのつながりからソ連に亡命する。ソ連も微妙な問題構成ファクターとなっていたのである。

議会でこの問題を追及した政友会の小川平吉は「今や政府は不干渉の名の下に擅《ほしいまま》に武力侵入を許して満州の天地を兵乱の巷《ちまた》と化せしめ依て帝国の鼎《かなえ》の軽重問わしむるに至らしめた」（臼井『日本と中国』、268）と攻撃しているが、満州の変動には日本が関与するのを当然視する見方も有力だったのである（小林、45は、この時政友会の有志代議士会が政府を攻撃したのは、政府が関東軍に対して主導権を握っていたことを知っていたからだとしている。しかし、当時、このようなケースで小川のように政府攻撃をするのは普通ではないだろうか）。

こうして見てくるとわかることは、この時代、中国政治の中枢・覇権抗争に日本は大きく関与していたということである。張勲が復辟した時黎大総統が保護を求めたのは（偶然の要素があるとしても）日本公使館であり、曹錕が反日世論を動員しようとしたのも日本の力の大きさの間接的表れと見ることができよう。

張学良

また、覇権を争う段祺瑞の動きも張作霖の動きもともに日本に大きく依拠していたのである。段祺瑞は日本からの借款で経済的に支えられ、日本の作った参戦軍とその後身で戦ったのである。張作霖を勝たせた馮玉祥のクーデターは主として日本軍人が仕掛けたものであり、張作霖打倒を目指す郭松齢による危機から張作霖を救ったのも日本であった。中国の政争をめぐる権謀術数の中枢にすでにこの時期日本（陸軍）はいたのである。

そして、総じて見ると、政府・外務省の不干渉政策と陸軍軍人の関与との間に距離があった局面がしばしばあったといわざるをえない。

辛亥革命勃発後に揚子江にあった海軍第三艦隊の名和又八郎司令長官は、漢口に駐留する陸軍の中清派遣隊の居留地外での独断的活動に対して、「専横は万人皆之れを知る」「他日帝国を誤るものは我陸軍也」と報告している。日頃から陸軍と仲の悪い海軍の側からの見方なので割り引くべきところがあるとしても、これは無視できない報告といえよう。1912年7月22日には閣議で、中国南方の陸軍軍人の行動は「各国の猜疑を招く」ので「之れを改むる」目的で柴五郎少将を派遣すると決めているのである。

また、阿部外務省政務局長は1913年4月24日に伊集院彦吉公使に送った書簡に「南北問題に付ては、例の通り参謀本部辺にて色々の手出を為すの虞有之《おそれこれあり》候間、今回其辺充分に監視する様致度」と書いている。これは、革命派の要人が再三日本を訪れ武器や資金の提供要請したのを拒否したという事情が背後にあって述べられていることだが、外務省の外交活動に対して「参謀本部辺にて色々の手出を為すの虞有之」というのは昭和に始まったわけではなく、以前から行われていたことが理解できよう（波多野、97―99、101。千葉、259）。第一次大戦開戦時には、（前述のように）福建省に部隊を派遣しようとしたのを現地領事からの通報で加藤外相が参謀本部を通じてやめさせるなどのことも起きているのである（波多野、113―118）。

すなわち昭和になって始まったように見られる事態は、こうした大正期の錯綜した関係の終点として現れてきたと捉えるべきだといえよう。大正期にも陸軍の独断的行動は見られたが、その策謀は郭松齢事件のように成功することもあったし、加藤外相による未然阻止のように政治家に押さえられることもあったし、第一次奉直戦争のように失敗することもあったのである。

そして、こうした介入からして、出先陸軍軍人らは日本の利益のために軍閥・現地有力者を利用していたということばかりがいわれる傾向があるが、これは中国人の能力を貶価

伊集院彦吉

した一面的見方であり、中国の軍閥・現地有力者は自らの権力を保持するために日本の軍人らを様々な形でうまく利用していたという半面もあることを、指摘しておかなければならない（これは、北岡伸一・戸部良一両氏の見解を発展させた視点である。北岡『官僚制』、130—131、136、142、戸部、67）。

最も日本の恩恵を蒙ったはずの張作霖が関東軍の将校らに服しないことから殺害されることになる（後述）のがその最大の証拠であろう。決して彼らは利用されるばかりでなく、日本人に服さず巧みに利用したことが再々なのであった。

彼自身（張作霖）、北京から華北を支配していた頃、自分が馬賊の頭領時代に学んだずる賢さをむしろ機嫌よく自慢していたものだ。彼の部下たちは外国公使館の友人に、老元帥が日本人を手玉にとる利口さを、むしろあっけらかんと話していた。」日本の企業に鉱山採掘権が与えられた後に既定の使用料以上の取引があるとわかると使用料の値上げが要求され、拒絶すると馬賊が鉱山の運営を妨害し操業停止に追い込まれる。ために日本企業は高価な使用料を支払わざるを得なくなり、そうすると馬賊は姿を消すというのであった。「中国人自身の証言によると、満州における日本の企業は、事態を安定させておくという満足な保証すら得られず、次々に起こる問題に対応し続けなければならなかった。しかし日本人は、張作霖をよく理解し知恵を競い合った。

（ウォルドロン、177−178）

この時期のアメリカの中国公使、ジョン・マクマリーによるこの言は、この時代における当事者双方の実態を的確に描写したものだといえよう。

その点では南方の革命派の孫文にもこれに近いところがあった。孫文は1912年には自らの南京政府の経済的行き詰まりを打破するために三井物産の森恪《つとむ》と交渉し、1000万

森恪

円の援助の代わりに満州を租借地とすることを益田孝・井上馨・山県有朋ら日本の要人との間で了解しており（「余等は満州は日本に一任して其代わり我革命の為に援助を日本に乞う希望なり」（横山、151）、また1915年には満鉄理事犬塚信太郎らとの交渉で多額の金銭の貸与・贈与の見返りに対華21カ条要求第5号とほぼ同一の日本優位の内容を受け入れる「中日盟約」を交わし、その内容は孫文から

外務省政務局長の小池張造《ちょうぞう》にも送られているのである（横山、152―153、藤井昇三の研究に依拠している。臼井『日本と中国』、88―89）。

この「驚くべきもの」（臼井）を「革命の父」の汚れた行為のように見るとしたら、それは当時の日中間の錯綜した政治的関係の現実を知らない人であり、両者の間には、大きな相互期待があり、利用し利用される関係があった、というべきなのである。

第四章
日中間の人的交流の拡大

次にこうした政治史と不即不離にあった人的な交流とトラブルを見ていくことにしよう。日露戦争後から日本と中国との間にはそれまででは考えられないような様々なレヴェルでの人的交流の拡大が見られ、またそれにつれて多くのトラブルが起こり始めていたのであった。まず、人的交流から見ていこう。いくつかの数字を確認しておきたい。

科挙試験が廃止され外国留学が官吏の資格とされることになったので、日本への中国人留学生は、1903年から1906、7年までに急増し1906年には7283人となっている。だからこそ、東京で結成された中国同盟会が中国革命の運動の中心となったのであり、ために辛亥革命が起きると多くの学生が神田の学生街などから帰国したのだった。日本の学生服が中国の革命服の起源といわれている所以である（ただしこれには異説もある）。

従って、1905年12月に留学生取締規則が強化された時には中国人留学生は激しく反発しており、陳天華のように大森海岸で抗議の投身自殺をする者まで現れたのであった（北岡・歩、97・116）。

また、清国からの日本陸軍士官学校留学生は、1901年卒業の第1期39人を皮切りに、少ない時で25人、多い時で197人（1908年卒業者）となっており、最後の第9期1911年まで、いつも数十人の留学生が存在していたのである。

この中国からの軍人留学生の存在があったからこそ、大正末に中国統一を目指した北伐軍の中には陸士出身者の将校が多く、日中戦争中も中国軍の中枢に陸士出身者が多かった。そしてこのことが第二次大戦終了後の国民政府軍の旧日本軍人招聘にまでつながるわけである。

そして、よく知られているように「社会主義」「共産主義」「階級」「資本」「経済」などの用語・思想も主として彼ら留学生を通して中国に入っていったのであった（北岡・歩、98）。

（ただし、第一次大戦後は主要な留学先がアメリカとなっており、中国からの日本留学生は2、3000人程度に減る。それでも2、3000人程度は存在したということだが、このアメリカ留学生の増大がその後の中国・アメリカ・日本の関係にどのような影響を与えたのかは未決の問題である（阿部、130—133、222—241））。

一方、中国政府雇用（顧問）日本人は1896年には1人であったが、以後次第に増え1

日中間の人的交流が増すにつれて摩擦も起きた。写真は南京で行われた「反日」大衆集会。『良友』1927年7月号より

９０８年５５５人となっている。以後、少ない時で１００人台、平均すると３００人から４００人台で、１９２４年には３９６人となっている。対華21カ条中の問題の５号要求中に、日本人を要職に雇用するようにということがあり、中国側の反発の一原因となったのだが、この数字を見ると必要がありさえすれば雇用されていたことがわかる。

そして、満州在留日本人は、１９００年の６１１人が、１９１５年には10万人を超え、１９２５年に約19万人、満州事変直前の１９３０年には約23万人となっている。

なお、在留日本人を中国全体で見ると１９３０年に約28万５０００人である。20世紀の初めにはわずか６０００人程度だったものが、１９３０年代初めには20万人を超す数の日本人が中国大陸に在住することになったわけであり、それは多くの日本人が中国人と日常生活のレヴェルから接触する体験を積んだということであり、かつてない近接交流の記録であった。しかし、これだけの数の交流があれば当然のように摩擦が起きることになる。次にそれを見てみよう（以上の数字については、戸部、34―38によるところが大きい）。

第五章
日中間のトラブル＝抗議・暴行事件・日貨排斥運動

（1）「日貨ボイコット」運動の端緒＝第二辰丸事件（1908年）

中国による最初の「日貨ボイコット」運動は1908年の第二辰丸《たつまる》事件であった。これは、革命党用と見られる大量の武器弾薬を積んだ日本の船第二辰丸がマカオ付近で拿捕《だほ》されたのに対して日本政府が抗議し清国政府が損害賠償することになったところ、広東等で日貨ボイコット運動が起きた事件である。革命派のかなりの部分はボイコットに反対したから、在日留学生の態度は分裂した。

日本の商人らは苦慮したが、3月に起きた運動は、広東に大風水害が起きたのに対し日本政府が義捐金を出したことにより7月には下火に向かった。しかし、11月になって、ボイコット脱落商人の倉庫に敢死会という団体の数百人が乱入、警察・軍隊が出動して多数の負傷者・逮捕者が出る敢死会事件も起きている（菊池、57―106。菅野、参照）。

（2）第二革命時の暴力事件

これに比し、5年後の1913年の第二革命時には、もっと個別的な暴力事件が複数起きている。

①漢口事件（1913年8月）＝日本陸軍の西村彦馬少尉ら2名が漢口の停車場で暴行・監禁を受けた事件である。日本側は厳しい処分・陳謝を要求し、中国が謝罪し責任者を処分している。

②兗《えん》州事件（1913、8）＝日本陸軍の川崎亨一大尉が兗州から済南に向かう列車内で逮捕され、兗州の兵営内に4日間監禁された事件である。これも中国は謝罪し、責任者を処分している。

③第一次南京事件（1913、9）＝南京内に入城した政府軍（北軍兵士）が、国旗を掲げて領事館に避難中の日本人を襲撃した事件である。日本人3名が死亡し34軒の商

品・家財が略奪され、国旗が攻撃されている。これも最終的には中国が謝罪し責任者を処分しており、64万ドルの賠償を支払っている（3事件については従来栗原編著103―113が詳しかったが、宮田175―180が新たに『日本外交文書』資料を追加して考察している）。

これらは日本が革命軍（南軍）側と見られていたことが原因で起きたと見られているが、この一連の事件に対する新聞・雑誌報道は誇大なところもあったので世論は激昂した。当時の対外強硬世論の背景をよく知っておくために、ここでは、上海で出されていた雑誌に掲載されたものを挙げておこう。やや長くなるが、現地に近い分、日本のものより正確度が高いと思われる。見出しは、

●陥落後の南京　□奪掠と強姦と虐殺と　□同胞数名惨禍を蒙る

である。

南京陥れば張勲は、奪掠三日以て三軍将士を稿《わら》わんとすとは早く十数日前より伝わり、

南軍をして悲憤慷慨せしめ両軍無意義の対抗を徒らに延引せしめたりしが、九月一日正午南京陥落し北軍城内に闖入してより、公許されたる奪掠三日の一言は不幸にして箴を為し、九十里の城垣は故なくして阿鼻叫喚の巷となり放火、奪掠、姦淫、虐殺等、有らゆる罪悪は凡ての北軍に依りて犯されたり。

各軍の司令官は約束の如く三日の間入城を避け、遠く城外に在りて之を傍観し、野獣の如き士卒をして其欲する所に就かしめたり。嗚呼官軍既に良民を虐ぐ、王道何を以てか立てん。

此時北兵已《すで》に大街を荒らし発砲しつつ、手当たり次第に掻攫《かっさら》い眼中内外の区別なきより、同胞数名は陰かに危険を感じ国旗を押立てて領事館に引揚げんとすれば、奪掠の諸兵当路に擁して誰何し、銃を擬しては所持品を奪わんとするも剰《あま》す所の一物なきを奈何《いかん》せん。維《こ》れ命窮《きわま》れり今は唯我国旗の威光により我は是れ日本人なりとの最後の頼みあるのみ。

然るに野獣の如き北兵は発砲せり雑貨商後藤勇次郎、村尾某の両人は即死を遂げ、館川勝次郎は重傷を負うて逃れ後死亡せり。其後尚一名銃殺の惨を蒙り行方不明のもの数人を出せり。同胞の生命已に彼等の重ずる所とならず、財貨の奪掠の如きは言う迄もなきなり。

太田、早川両医院の如き赤十旗と国旗を掲揚せるにも拘らず、掠奪隊の侵入を蒙る事一日二十数回医療機械より家具類に至る迄一として残す所なしと云う。

かくて我国旗は未曽有の凌辱を受けたり之を掲ぐるも威なき事一片の白布に等しく、偶其威を感じたるも旗上日章の部分を剳り取り之を泥土に破棄せり。

此侮辱此時忍ぶべくんば又何処にか国威あらん。帝国政府が北京公使を通じて厳重なる抗議を提起せる事誠に理由ありと云うべし。

(『上海週報』1913・9・8)


この年は4月から5月にかけてアメリカで排日移民法が問題になっており、演説会が開かれるなどしていたからすでに被害者意識は相当高まっていた。そうしたところにこのような報道がなされたのである(山本、320—346)。

そもそも辛亥革命勃発後から対外強硬世論は起きており、1913年7月27日神田青年館では12団体の集った対支同志会が結成されていたのだが、この対支同志会が9月4日に演説会を開き、東蒙南満の要地占領・揚子江一帯の要地への出兵が決議された。

そして、翌9月5日には阿部守太郎外務省政務局長が3人に襲われ刺殺されるという事件が起きている。犯人のうち2人は逮捕されたが、1人は知人の家で中国地図を敷いてその上

対中国武力干渉を求める国民大会がひらかれる。「大衆」が政治史のなかに登場してくる時代となった。1913年9月7日

で切腹自殺した。

阿部は「政府は大局の糜乱《びらん》を防ぐを以て方針とし、所謂不偏不党必要の注意を加えて全局の維持を図ることに致し居り候」(千葉、183)という不偏不党政策を主導していた外交官であったが、それは実質的には革命後に大総統になった袁世凱の政府・政府軍(北軍)の側に立つことでもあった。

刺殺の原因は犯人の1人によれば、南京事件で日本国旗が侮辱されたのに対し、阿部が「要するに国旗は一つの器具に過ぎぬ」と言ったからであるという。

「斬奸状」には、「二十億の巨財と十万同胞が屍山血河悲惨極まる努力に因て漸く贏《か》ち得たる満蒙を捨てて顧みざる而耳《のみ》ならず、簒奪の臣桀紂に等しき袁世凱を助けて其雎《しきょう》梟の欲を恣《ほしいまま》にせしめ」（栗原、88―89。千葉、262）とあった。中国人からの暴行事件に対する〝弱腰〟は国民の犠牲を払った満蒙を失う危険性につながると見られていたことがわかる。

犯人たちは「阿部・伊集院の徒、民論を無視し帝国を累卵の危きに置き何ら顧みる所なく」としていたが、事件後、強硬政策を求める声はさらに強まり、9月7日対支同志会主催の国民大会が開かれ、対中強硬政策を主唱する群衆が外務省・牧野伸顕外相宅に押しかける事態となった。

ヴェルサイユへ向かう講和会議次席全権の牧野伸顕（右）。左は見送りに船上を訪れた内田康哉外相。『太陽』1919年1月号

世論が「頗る高潮に達し居る」と見た牧野外相は、それに押され漢口地域の責任者張勲の辞職を要求するなど強硬外交を展開、29日に張勲が南京日本領事館で陳謝し事態は収拾に向かう。

牧野外相は、関東州租借地と満鉄の租借期限の99カ年延長なども要求しようとしたが、山座《やまざ》円次郎公使に反対され思いとどまっている。この要求は対華21カ条要求に含まれることにつながった（千葉、254−264。波多野、107−109。宮田、176）。

山座公使は「支那人を侮る結果」の「威圧的言動」に憤慨しており、また原敬内相も牧野外相のポピュリズム的傾向に批判的で「牧野は訳もなく世間に気兼」しているが、「支那浪人など何を言うも国家の利害に代えがたし」と日記に著している（波多野、107−109。宮田、176）。

ただし、この牧野外相の対処策はイギリスのグレイ外相から了解を得ていた加藤高明前外相からの引き継ぎ事項ではあった（宮田、178−179）。

ともあれ、一連の出来事は日比谷焼打ち事件・第一次護憲運動などを経て現れた「群衆」「大衆」を前に、外交がこうした「民論を無視」できない状況となっていたことを如実に示す事件であった。これ以後の日本の世論の中国に対する厳しさのなかには、一連の暴力事件への被害者意識・報復意識とそれが国民の犠牲を払った満蒙を失うことにつながるとする危機意識とがあったと見てとれるのである。

（3）対華21カ条要求時の暴力事件・日貨排斥運動（1915）

さらに2年後の、対華21カ条要求時に発生した中国側の暴力事件・日貨排斥運動も、日本世論を刺激する激しいものであった。

1915年1月18日に要求は袁世凱に提出されているが、これが過大にマスメディアによって伝えられたこともあり、3月中旬から上海を皮切りに全国で日本商品ボイコット・日本商店への破壊暴力活動が始まった。加えて、4月1日の広東日本総領事館爆裂弾テロ未遂事件をはじめ各地で爆発物事件が頻発、5月13日に漢口では日本商店数軒が中国人群衆の投石・破壊・略奪を受け十数人の日本人が重軽傷を負う事態となった。奥地では日本人は危険となったので引き揚げも開始され、対中輸出は大幅に減少した。これは7月頃まで続いている（臼井、85―86）。

中国の袁世凱政府は対華21カ条要求に関する会議を最初東京で開催しようとしたが、それは北京では「国民を説得できない」からであり、「〝国民感情〟はすでに袁世凱政府にとっても重要な要素となっていた」のである（川島「21箇条」、131）。

（4）ヴェルサイユ講和条約時の5・4運動（1919）

さらに有名なのは1919年のヴェルサイユ講和条約に対する反対運動としての5・4運動であろう。5月4日に約3000名の学生が親日派要人を襲撃。21カ条要求の同意書にサインした曹汝霖《そうじょりん》交通総長の自宅がデモ隊に襲撃・放火されたのに始まり、全国で激しい日貨排斥運動・ストライキが起きた。6月3日・4日に多数の学生が逮捕されるとさらにストライキが拡大、二十数省・約150都市で抗議行動がとられ、教科書に「国恥」が書き込まれることにまでなったのである。マッチ等の雑貨類のボイコットにより関連日本企業は大きな打撃を受けた。また、日本でも留学生が警官隊と衝突し36名が逮捕されている。「暴力をともなう正義の表現が肯定的に捉えられるようになったのも、この事件の影響が大きい」といわれるのである（川島、新書、186）。

なお、中国のこの激しい態度の背後には、ヴェルサイユ講和条約以降世界の言説世界を席巻した民族自決権というものがあった。

第一次大戦時の1914年1月8日、アメリカのウイルソン大統領の行った講和の条件としての14カ条演説中の第5項は植民地問題の公平な解決であり、これは「民族自決」と解釈されていった。一方、1917年11月8日、10月革命後にレーニンが出した「平和に関する布告」中には「民族自決」の考えがあった。ウイルソンとレーニンの両方から民族自決権が提起されたのである。

ウイルソンは、結局は英仏の不安に配慮して第5項はドイツなど敵国のみに適用されるとして現実に妥協する。しかし「民族自決」は、ヴェルサイユ講和会議の一つの原則として受

米騒動（1918）。焼打ちされた岡山精米会社

けとめられ、その後の世界の言説世界の規定要因となり、中国の巨大な運動の一つの源泉となったのである（メイア、長田参照）。

　こうして、見てくるとマスメディアに煽動されつつ現れ始めた双方の「群衆」「大衆」の示威運動は間歇的に繰り返され相互に刺激し合いながら、負の感情を累積させ激しいものになっていったことがわかる。

　その場合、中国の方にデモなど大衆運動的性格が強くまた日本人への直接的行動が多いのに対し、日本の方はほとんどが自国政府に対する運動になっているのは、いうまでもなく基本的に中国大陸に利権を持っていて多く在住していたのが日本人の側であるからというのが主要因だが、日本では米騒動で戒厳令が布かれてからはこうした大規模な大衆運動が控えられ始めたことも要因としては大きい。それだけに（後述の）１９２４年の排日移民法に対する大衆感情の爆発は大きなものであったといえよう。

さて、この民族自決権に目覚めた中国と、それに対峙せざるをえなくなる日本との関係を一つの大きなテーマとして開かれたのがワシントン会議である。そこで次に大正後期の東アジア情勢を大きく規定したワシントン会議を検討せねばならないが、その前に同会議に至るまでの日米関係の変遷を見ておくことにしよう。ハリマンの南満州鉄道問題以来日米はどういう関係を結んでワシントン会議に至ったのか。

第六章

日露戦争後の日米関係

ハリマンの南満州鉄道開発計画は、その世界鉄道一周計画の一環として行われたものだが、それはセオドア・ローズベルト政権時代の出来事であり、その後アメリカの東アジア政策はまた大きく変貌していく。

ローズベルトの前のマッキンレー大統領時代の国務長官を務めたジョン・ヘイは１８９９年と１９００年、中国に対して二度の門戸開放通牒を発した。これはのち半世紀にわたりアメリカの極東外交の基本方針となったので名高い。前者は通商上の機会均等、後者は中国における領土的・行政的保全を主張していた。

これに比してローズベルトの外交は「洗練された専門家と粗野な帝国主義者」という二面を共存させていたといわれる。前者はモロッコ危機・日露戦争の調停、後者はカリブ海のローズベルト・コロラリー（1903年パナマ運河の実質獲得等）に結実していた（高原、18）。そして、カリブ海を黄海に比した金子堅太郎へのローズベルトの意見表明は、日本はフィリピンに対して、アメリカは朝鮮半島に対してそれぞれ領土的野心を持たないということを認めあった桂・タフト覚書（1905）に結実した。

＊ローズベルト・コロラリー＝ヨーロッパ大陸とアメリカ大陸との相互不干渉を主張したモンロー宣言から、アメリカは西半球での安全確保のためには警察力を駆使せざるをえないという帰結が導かれるとされること。

ローズベルトは、カリフォルニアの日本人移民排斥事件としてのサンフランシスコ日本学童隔離事件（1906）が起きた際、自らの市長説得で緊張を緩和し、日本の自主的渡航規制を約した日米紳士協定（1908）によって暫定的解決に成功。他方、アメリカ艦隊の横浜寄港（1908）で海軍力を誇示しつつ、〝日本からは「機会均等」の再表明と移民問題の自主的改善の提案〟〝アメリカからは日本の満州特殊利益への暗黙の了解〟を盛った高平・ルート協定（1908年）を導いたのである。

ローズベルトは「文明国家の使命」という点から、国内の未発達な中国が行うボイコットを蔑視しており、日本の満州統治を承認していた（高原、19－20）。ローズベルトは基本的に親日的な大統領だったのである。

これに対して、1908年に大企業の莫大な資金援助を得て大統領に就任したウィリアム・タフトの外交はローズベルトを完全に逆転したものとなった。タフトとノックス国務長官は日本を無視し、中国をドルによって支援する大国間の協調外交を期したのである。それは「ドル外交」と呼ばれた。

ノックス国務長官の下には中国に重心化したストレート極東部長とハンティントン＝ウィルソン国務次官がいた。彼らは満州への積極進出に乗り出し、国務省の後援によりアメリカ銀行団を結成、鉄道借款と中国国内改革借款への参加要求を始めた。

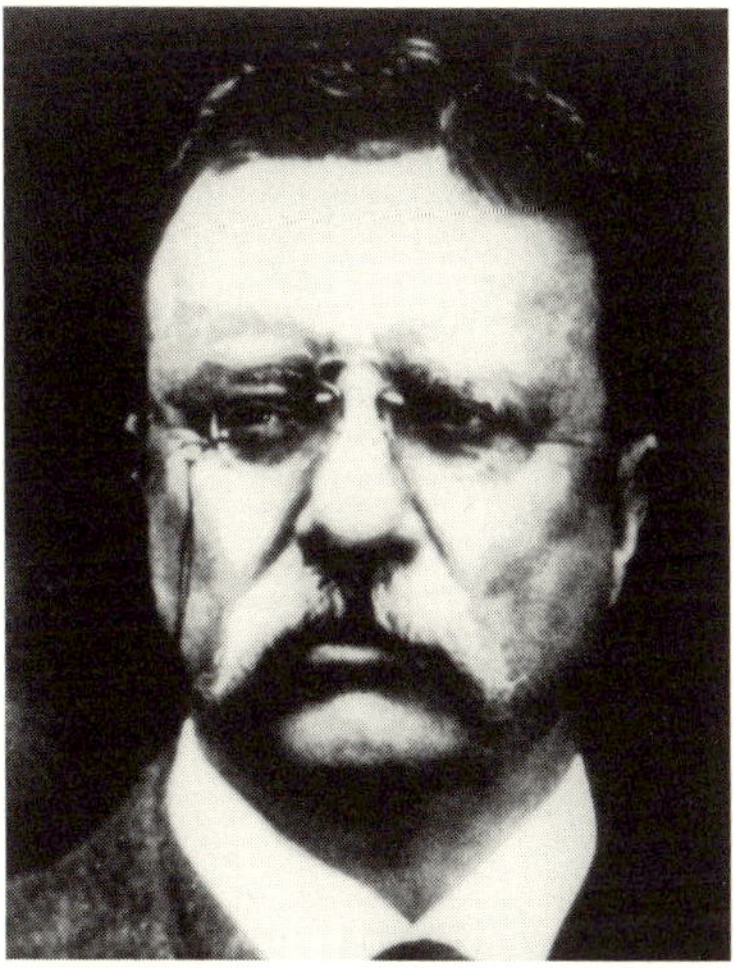

セオドア・ローズベルト

満州に関する日清条約には満鉄線併行線禁止協定があったが、ノックス国務長官は日露の権益に対抗し、1909年、錦愛鉄道というものを作るか満鉄中立化の二者択一という満鉄中立化案を出した。この提案は、日本が翌1910年に第二次日露協商を締結しむしろロシアに接近したことと英仏が加わらなか

ウィリアム・タフト

ったこととで挫折する。

この第二次日露協商では、北満州はロシア、南満州は日本の勢力圏とされたが、さらに1912年の第三次日露協商では、ロシアが西部内蒙古、日本が東部内蒙古という勢力圏が承認された。北岡伸一氏は、この点から「満州権益」は「アメリカの杜撰な計画、ロシアの協力などがあったから」「拡大した」と指摘している（北岡『官僚制』、150―151。『日本陸軍』第1章）。

中国国内改革借款は、1911年の英米独仏の4国借款団の結成と清国政府との合意に結実した。さらにノックス国務長官はこの4国借款団に日露を加入させた6カ国借款団を結成することによる日露の満州での行動の規制を期したが、これは協商関係にある日露の既得権益の前には無力であった。

タフト政権の東アジア政策は使命感に基づく後進地域発展援助と潜在的市場獲得がミックスされた企図であったが（アメリカの対外政策は概《おおむ》ねそうだった）、満州での既存勢力への介入は難しかったのである（高原、19—24）。

結局、1911年の辛亥革命によってタフトのドル外交は最終的に失敗したと見られ、彼を見限った前大統領ローズベルトのグループとの間で共和党は分裂、1912年の選挙ではタフトに対抗して前大統領ローズベルトも立候補するという異常事態のなか、民主党のウッドロウ・ウイルソンが大統領に当選することになる。

ともあれ、大きくいえば、①桂・タフト覚書（1905）で、日本はフィリピンに対して、アメリカは朝鮮半島に対してそれぞれ領土的野心を持たないことが確認され、②高平・ルート協定（1908）で、通商上の機会均等と満州の日本の特殊利益の暗黙の了解（移民問題の日本の自主的改善）について日米の合意が成立し、持続していたのである。

1913年、ウイルソンは大統領に就任すると同時に6カ国借款団から脱退してドル外交的方向から離脱、中華民国をいち早く承認した。

1915年、対華21カ条要求が出たが、3

ウッドロウ・ウイルソン

月に出たブライアン国務長官の第一次ノートでは第5号に異議を唱え自制を求めつつ、日本の満蒙権益には「問題を提起しない」ものであった。が、ウイルソンは激怒しており、5月に第二次ブライアン・ノートが出て対日抗議が行われたのであった。第二次門戸開放宣言の立場からの不信感の開陳であった。両国は明白に対立した（高原、31。宮田、222—224）。

しかし、第一次大戦へのアメリカの参戦もあり事態は変わる。英仏側に立った両国は1917年、門戸開放を遵守しつつ日本の中国における特殊利益を認めるという石井・ランシング協定を結ぶのである。元老山県が喜んだように日本外交の勝利とも見られたが、ウイルソンはあくまで戦争中の暫定的なものと見ていたようである。

1918年、最初英仏から要請された時は拒絶して外相が辞めることにまでなった日本の寺内内閣も、チェコ軍救出のためアメリカからの要請があり8月にシベリアに出兵する。しかし、最大時7万3000人もの兵隊を出したため列国の猜疑の眼をうけることになり、後継の親米的な原内閣は、アメリカの抗議を受けて減兵措置をとった。

その後、1920年には今度はアメリカが日本に何の連絡もなくシベリアから撤兵。取り残された日本は、何の目途《めど》もないまま留まるうちに、尼港《にこう》事件という日本人虐殺事件まで起きるなどして、結局22年までシベリアに残留。これも当然ワシントン会議の議題となる。

パリ講和会議では、日本は山東半島と南洋委任統治領を確保したが、日本の提起した人種平等案は、アメリカ国内の差別問題とオーストラリアに配慮したイギリスの反対とにウイルソンが抗しえず、削除された。日本全権団の中には条約不調印を賭すべきだという意見もあったが、西園寺・牧野がなだめて調印したのでウイルソンはことなきを得た。

このように、国際連盟の結成に取り掛かることはできたが、このパリ会議では大幅な妥協を強いられたので、ウイルソンの理想主義は弱くならざるをえなかったのだった（五百旗頭、53—81）。

ウイルソン大統領の時代の最後には1920年に日英米仏からなる新4国借款団というものが結成され、満蒙の取り扱いをめぐって米英が日本を押し切るなどのこともあったが、これも積極的活動もないままに立ち消えとなった。

そのうえ、1920年3月、ヴェルサイユ条約は上院で否決され、ウイルソンは寂しい晩年を迎える。1921年、8年ぶりの共和党ハーディング大統領政権が誕生する。死後多くの汚職が明るみに出た政権の大統領としてのハーディングの能力はともかく、国務長官には傑出したスケールをもったヒューズが任ぜられた。ヒューズは、関係の悪くなった日米・日中を中心とした東アジア・太平洋関係全体を再構築する会議を企画する。それは何よりも日米双方にとって、石井・ランシング協定後、迷走していた関係を確実な軌道に乗せるべき機会であった。

第七章

ワシントン会議(1921〜22)

1921年7月から10月にかけて、ハーディング米大統領は日英仏伊中とオランダ、ベルギー、ポルトガルの各国に国際会議開催を提唱した。海軍軍備制限・「太平洋あるいは極東の問題」が議題とされた。

7月22日、原敬内閣は次のように閣議決定をした。「領土の相互尊重、門戸開放、機会均等等等の問題を議題となすこと(中略)何等異存無く」「既成の事実又は特定国間限りの問題(中略)議題より除外せらるべき」と(「日本外交文書」ワシントン会議、上、39−42。服部、92)。この会議の開催に怯える政治家もあったなか、原はアメリカとの友好を日本の重要な針路と考えていたので、既得権益に手をつけられるようなことがない限り日本にとって好ましい会議だと判断したのである。

また、1920年1月から原内閣は北京政府に山東問題交渉を提議していたが、中国はこれを一貫して拒否していた。従ってこの問題の解決も考えられたのだった。

以下、この歴史的な会議について要点だけをまとめておこう。

(1) 中国に関する9カ国条約

1921年11月12日、ワシントン会議は開始された。アメリカのヒューズ全権が初日から思い切った軍縮案を提起して会場を総立ちにしたことは名高い。

11月16日、中国首席全権施肇基《しちょうき》は10原則を提示した。第5条で中国の行動の自由を制限しているものは撤廃するとするなど各国の在華権益弱体化を企図したものであった。

これに対し、11月21日、アメリカのルート全権は代案の4原則を提示した。それは、

原敬首相(左)。東京駅で

①中国の主権の独立と領土的行政的保全の尊重
②中国が安定的な政府を確立するための機会の提供
③商工業の機会均等主義
④友好国の安寧に害あることをしないこと

というものであった。

④は日本の満蒙の権益を脅かさないということを意味しており、日本に配慮された内容であった。また、全体にわたり既得権益を保存し、現存の条約・協定に触れないことを趣旨とした現状維持的なものであった。

日本の内田康哉《こうさい》外相は暗黙の了解では納得できないとして明白な「満蒙留保」の要求を指示したが、これに対し幣原全権は、④とルートの内密の保障によりそれは実質的に確保されているとして内田を説得し、成功した。

また、1922年1月18日、ヒューズ国務長官は門戸開放原則の調査機関を設立するという修正案を提起し採択されたが、これも既得権益は対象とされず拘束力をもたないものであった。

2月6日、9カ国条約は可決された。ルート4原則を第1条に組み込んだもので、日本にとって最初不安視されていたような不利益なものではなかった。

（2）太平洋に関する4カ国条約

イギリス全権団長バルフォアは、ヒューズに対し、会議開催前日に日米英三国協定案を提起した。軍事同盟的内容であり、日英同盟を日米英三国協定にするとともに、日英同盟を必要に応じて復活させうる権利が保留された内容であった。

日英同盟が完全に解消されていないのでヒューズが否定的態度をとると、バルフォアはこれを日本側に伝えた。

ここから、日本全権幣原喜重郎駐米大使が軍事同盟的内容をほとんど除き、日英同盟復活の可能性を削除した「協議条約」的基礎案を作り、英米に提示した。これに対し「毒にも薬にもならない一般的な国際協定」を目指したアメリカのヒューズは、適用範囲を太平洋島嶼《とうしょ》部に限定することとフランスを加えることを提議した。前者はフィリピンの安全につながったものであったが、いずれも上院の承認を得やすくするためであった。実際上院でワシントン条約を審議する際、一番問題になったのは4カ国条約の方であった。これが4国に了解された。

こうして4カ国条約は作成され、1921年12月13日、日米英仏が条約に調印した。

問題は日英同盟が廃棄されたことであったが、日英同盟は1921年7月に期限が切れるので以前からどうするかが問題になっていたのだった。日本は存続を希望したが、1920年後半から翌年にかけてイギリス外務省では所期の目的が果たされた後、イギリスに利益をもたらすものではないという傾向が大勢になっていた。

もちろん、アメリカが日英同盟を嫌悪していたことが要因としては大きかったが、第一次大戦でアメリカから巨額の負債を負ったイギリスは、関係が悪化すると建艦競争が生じることを恐れたということも重要である。こうして日本よりアメリカを重視したいイギリスにとって、それは存在理由の乏しい同盟となっていた。

日英同盟復活の可能性は最初のバルフォア案にはあった。これを削除した基礎案を作った幣原の責任は大きいという指摘もあり、一理あるが、イギリス側に同盟を残し続ける可能性はほとんどなかったように思われる。幣原らは、もうあきらめて会議に臨んでいたのであり、4国同盟で孤立が回避され日米関係が良好になったことで日本は満足するしかなかったであろう（宮田、285―288、292。後藤、25―32）。

（3）海軍軍縮条約

日本の首席全権は加藤友三郎海軍大臣であったが、それは「海軍統御」のためであった。加藤は、会議が決裂すれば日米は建艦競争に入り海軍力の差はますます開き日本に不利なことを知っていた。主力艦の比率がアメリカ・イギリス・日本、5：5：3であることが日本にとって「得策」と熟知していたのである。

これに対し海軍首席随員加藤寛治中将は、対アメリカ7割を絶対に譲れないと主張し、激烈な反対意見を独自に海軍次官・軍令部次長に打電し、外国人記者団に会議脱退説を流した。しかし、加藤寛治は問責されただけで、実質的効果を得ることはできなかった。

加藤友三郎

その頭脳の明敏さが「神速、電光の如く」といわれ、「底知れぬその胆力と沈着」により人望があると見られ、山梨勝之進大佐・野村吉三郎大佐・堀悌吉中佐ら後の軍縮期の海軍中枢に補佐された加藤友三郎に加藤寛治は及ぶべくもなかったのである。

こうして、主力艦航空母艦の総トン数比率は、米英日仏伊、5：5：3：1.67：1.67となり、主力艦建造が10年間停止となった。

ワシントンに到着した日本側全権。前の日本人は左から徳川家達、加藤。右はヒューズ。『太陽』1922年1月号

また、西太平洋基地の要塞化の停止が決まった。加藤が力を注いだのはむしろこちらだったといわれている。

会議を経た加藤は、文官海軍大臣の実現と海相による軍令部の完全コントロールを考えることとなる。

なお、イギリスが潜水艦の全廃、日本が毒ガスの使用・研究・製造の禁止を主張したが、アメリカは毒ガスの積極的使用を主張した。結局、通商破壊のための潜水艦使用禁止・毒ガスの戦闘使用禁止が2月6日に5カ国条約として調印された（欧米の製造・研究は禁止されなかったので、その後日本も研究を継続した）（宮田、284－285）。

（4）山東問題

1921年12月1日、山東問題の交渉は開始された。中国は、パリ会議の時そうであったので、アメリカの協力が得られると思って非妥協的態度をとった。しかし、1920年の大統領選挙でウイルソンを「山東の強奪」を認めたとして激しく攻撃していたハーディングの共和党政権にとって、この問題の解決なしにはほかの条約の上院通過が見込めないという重要案件であった。

幣原はこのことをよく知っていて、政府から交渉の打ち切り命令が来ると「譲歩」を再三要請し、ヒューズも日本の体面を重んじこれに協力した。

まず、マクマリー・アメリカ極東部長とイギリスのマイルズ・ランプソンが山東鉄道を中国に売却はするが、技術長には日本人を登用する等の4案を提示。さらにヒューズ、バルフォアがその修正案を提示した。日本側から見ると「絶えず我（日本）主張に対し同情ある態度」がとられたのである。

イギリスは威海衛返還で山東問題解決を促し、ハーディングは施公使に政治的決断を迫った。また中国駐在の英米外交官からも顔恵慶外交部長への説得が行われている。

こうして1922年2月6日、調印が行われた。

山東鉄道は償還し日本人の主任を任用する、鉱山経営は合弁とし、利権を返還、日本軍は撤兵するという内容であった。以上の交渉経緯からして中国の決裂企図は失敗したのだという見方もある（麻田、132―134。服部、99―102による）。

（5）東支鉄道問題

満州の東支鉄道の管理体制も問題の一つであった。

1922年1月20日に開かれた委員会以降、アメリカ人スティーヴンスが技術部長の東支鉄道技術部の権限強化による国際管理体制をアメリカは企図した。しかし日中仏が反対しアメリカの企図は挫折する。こうして1922年8月、東支鉄道の国際管理体制は解体し、中ソ共同管理となる。そして、これが1929年の中ソ戦争の主要因となるのである。

（6）21カ条要求問題

21カ条要求で締結された条約は無効だとする中国は、この問題を会議で取り扱おうとしたが日本は拒否し、会議の破壊をおそれたアメリカは日本に協力した。

1921年12月3日、顧維鈞《こいきん》が租借地撤廃を提起したが、日本は21カ条要求後の1915年に日中間で交わされた南満東蒙条約で99年延長としたと主張。バルフォアも日本を支持した。

その後、日本は第5号の内政干渉的といわれた内容を撤回することと満州における借款優先権の放棄という、日本にとってはそれほど実害のない譲歩の声明を出した。が、結局、1922年2月2日、審議打ち切りとなった。ヒューズの後押しであった。

（7）関税特別会議

1922年2月6日、9カ国条約第二条で、3カ月以内に関税特別会議を開催し、釐金《りきん》（地方政府の課す交通税）を廃止し、5％の関税に対し普通輸入品2・5％、奢侈輸入品5％の付加税を設定することが決定された。

これに基づき、1925年10月から1926年7月にかけて北京関税特別会議が開かれることになる。

(8) シベリア撤兵

国務省ロシア部の専門顧問たちは日本のシベリア占領を激しく非難するようヒューズに求めたが、ヒューズはこれを退けた。ヒューズと幣原は対立回避の協議を行っている。

1922年1月23日、幣原が速やかなシベリア撤兵を声明、ヒューズがアメリカの見解を述べ、討議は終わり、まもなく撤兵は実施された。

(以上、全体にわたり、麻田貞雄、51―148、服部、89―112、後藤、31―33、宮田、281―292)。

以上を見ると、海軍の一部に不満が残ったが、日本はそれほど譲歩したわけではなく、大きく不利なものではなかったことがわかる。とくに中国問題に対して米英は協力的であった。この事情が以後日本を条約遵守の方向に向かわせたものと見られる(東支鉄道問題で見られたように、アメリカなどが「国際管理」という形で介入しようとするのを、ワシントン諸条約で回避できるということもあった〔小林、36―39〕)。

日英同盟が廃止されたことは日本にとって不利だったし、その背後にアメリカの意向があったことは間違いないが、一種の陰謀であったかのようにいわれるのは行き過ぎであろう。イギリスの方で積極的な継続の意志がなかったことが大きいからだ。

また、日英米の協調新体制というふうにいわれることが多いが、イギリスにとくに新体制の意識はなかったと最近の後藤春美氏の研究は指摘しており（後藤、6）、そうであれば遵守の意識も低かったことになろう。

中国にとっては、山東半島の返還や関税特別会議開催決定など不平等な立場が解消されるものであり、当時の国際関係の中においては必ずしも不利な内容ばかりではなかった。山東問題の会議後、日本全権は本国に次のように報告している。

「山東問題解決後は会議前に比して当地支那人の対日感情全く一変したるの感あり」。ある中国全権は「従来日支間に蟠《わだか》まりたる悪感情を一掃すべき絶好の機会なりと認め、帰路上海より北京に到る迄随所に啓発運動を試むる心算なる」と語った。

（『日本外交文書ワシントン会議　下巻』事項六、一五七文書、634。宮田、291）

しかし、不平等条約の急激な改正を求める立場からすれば、21カ条要求問題に見られるように、全く納得できない大きな不満の残るものであったことはいうまでもない。

なおソ連とドイツは排除されており、彼らからすれば今後の行動は何ら規制されないということになろう。そして実際、後に見るようにとくにソ連はワシントン会議に規制されない行動をとることになる。

第八章

排日移民法（1924）

次に、ワシントン会議により築かれた日米の協調体制を大きく壊すことになる2年後の排日移民法について、簡潔に見ていくことにしたい。

1906年サンフランシスコ市学務局は日本人学童（96人）を中国人学童の東洋人学校に隔離すると発表した。

1898年のハワイ併合後、同島からの日本人移民は激増していた。折から1900年以降組合労働党が市政を支配、低賃金で組合に入らない日本人労働者は彼らの標的となったのである。ハースト系新聞がこれを煽動した。そこへ日露戦争後の黄禍論の広汎化があり、カリフォルニア州に「日米開戦論」が広まるなどの不穏なことがあって、このような事態となったのであった。

林董外相がアメリカへ抗議したので、ローズベルト大統領は移民法を改正。日本人移民のハワイから本土への転航禁止措置をとり、学務局の隔離を撤回させた。

１９０８年には、日米紳士協定ができ、20歳以下の子女を除く一切の日本人労働者の入国禁止となった。同じ年の高平・ルート協定もこの問題の日本側譲歩の産物という面があった。その後、１９０８年の日米紳士協定以来、日本人移民自体は減っていったが、在住者の出産による自然増加は見られ、よく働く彼らは脅威と感じられたようだ。

１９１０年カリフォルニア州選挙で野党民主党の選挙スローガンは「カリフォルニアを白く保とう！」であり、民主党は州議会で大躍進した。

１９１１年、州議会に排日土地法案が提出された。日本政府は国務省に通過阻止を要請。タフト大統領は１９１５年万博をサンフランシスコとすることでカリフォルニア州をなだめ法案を阻止した。

ところが、１９１３年州議会に排日土地法案がまたも提出された。州権の尊重を公約としていたウイルソン民主党大統領はこれを阻止できず、農地所有を三年に制限した第一次排日土地法案が５月に可決された。

しかし、翌１９１４年７月には第一次世界大戦が開始され、悪化した事態は一種の棚上げ状態となった。

1920年の州選挙では、第一次排日土地法は子供名義の農地購入等を許容していたので、これに反対する排日勢力は強い権限を持った「一般投票」による第二次排日土地法制定を目指した。日本はパリ講和会議に際して連盟規約に人種平等文言挿入を目指したが、ウイルソンに拒絶されていた。

1920年11月2日、大統領選でウォレン・ハーディング共和党大統領が圧勝したが、カリフォルニア州の一般投票では第二次排日土地法が成立した。排日勢力は続いて連邦レヴェルを目指していたところ1923年8月、ハーディングが急死、カルヴィン・クーリッジ副大統領が大統領となった。こうして12月5日、第68議会に排日移民法が提出された。

ウォレン・ハーディング

1924年2月8日、日本政府の抗議を受けたヒューズ国務長官は「ワシントン会議の成果を水泡に帰するものである」と修正を勧告したが、4月12日下院で可決。上院は国際関係重視なので通過不可能視されていたが、14日、埴原《はにはら》正直駐米大使の書簡中の「重大なる結果」という字句が大問題となり、16日に上院可決となった。

カルヴィン・クーリッジ

その後、両院協議会の審議や大統領からの実施延期勧告等があったが、結局5月15日、同法案は上下両院で可決されたのだった。
5月31日、日本政府はヒューズ国務長官宛抗議書を発した。「国際間の差別待遇は（中略）正義と公平の原則に反する。（中略）人種に基づく差別待遇は不快の念を一層深くする」というもので、日米通商航海条約違反であり、日米紳士協定を廃棄するものだとしている。
日本の世論は激昂した。まず、5月31日、アメリカ大使館前で抗議の切腹自殺が行われた。6月5日、東京・大阪主要新聞社19社は米国の反省を求める共同宣言を発表。6月7日、60名が帝国ホテルに乱入、「在留米宣教師の退去、洋風舞踏の絶滅、米国製映画の上映禁止、米国製品のボイコット、米人入国の禁止」等を要求したビラを撒布した。6月14日には横浜駐在米領事への暴行という身体に危害を加える事件が起きる。7月1日、対米国民大会が芝増上寺で開催され、1万余人が参加、「対米宣戦」等がなされ、アメリカ大使館の国旗盗難事件が生起した。その後全国で集会・デモが頻発していく。

さらに、横浜沖仲仕組合の米貨積下ろし拒否、アメリカ映画の上映ボイコット運動、米系大学の補助金拒否運動等が続き、反米の歌までがつくられた。親米家として知られた新渡戸稲造はとうとう、今後はアメリカを訪問しないと宣言する。

在日米人は本国にこうした日本の様子を伝え、移民法の撤廃と身辺保護を要請。内務省も外国人の監視、危険人物の尾行を行わざるをえなかった。

また、この6月から7月にかけ東京日日新聞・大阪朝日新聞のような有力紙には米英に追随する外交路線の改変、中国との関係改善のための公使館昇格、21カ条要求改定などの主張が行われている（西田、(1)、57）。

美濃部達吉の次の言はこうした傾向の言説を代表しているといえよう。

> 事のここに至ったのは、政府の罪でもなければ、外交官がわるいのでもない。つまりは国力の相違である。情けないかな、日本は国力において、少くとも経済力において絶対にアメリカの敵ではない。如何に侮べつせられても、如何に無礼を加えられても、黙して隠忍するのほか、対策あるを知らぬ（中略）切に自分の実力を養うのほかない。国家百年の大策としては、所詮はアジア民族の協力一致をはかるの他はない。

（『改造』１９２４、５月号。秦、１５６）

反米論の高潮は親中国・アジア論の台頭につながりがちなことがわかる。昭和天皇が〝日米戦争の原因〟としているように、排日移民法は、以後の反米・アジア主義の重大な動因となった。何よりもヒューズ自らが語るように、ワシントン会議による協調体制をわずか2年後にアメリカが自ら無にしたことは大きい。少なくとも以後、日本人にある種のトラウマを植えつけるものだったのである。これから後しばらくは国際協調主義が大勢を占めるので、それはすぐに影響を表したわけではないが、国際的危機が高まってくるとボディーブローのようにこれは効いてくるであろう（五百旗頭、46―49、59―61、95―98。簑原、２１７―２１８。西田、(1)、57。秦、１５０―１５７）。

第九章
国権回収運動（1923年以降）

次に、ワシントン条約後の日中関係を見ていくことにしよう。この会議を経た中国はどのような態度を日本に対してとっていったのであろうか。

中国はヴェルサイユ条約に調印しなかったが、その結果、1921年5月20日に独中間には単独講和条約が結ばれ、ドイツはあらゆる特権を放棄、史上初めて中国は他国と平等な条約を結び賠償も獲得したのだった（川島、新書、187）。

この視点からすると、5・4運動などを経た日本に対しては、これまでのような個別的案件に対する抗議ということを越えて、「民族自決」そのものを全体として追求する運動が芽ばえてくることになる。すなわち日本に対する「国権回収運動」が登場してくるのである。それはこれまでの排日運動をもっと構造的な根深いものにしていくであろう。

こうして、1923年に旅順大連回収運動をはじめとした一連の国権回収運動が生起していった。北京政府は、21カ条要求後の1915年に成立した南満東蒙条約で決められた日本の商租権（土地貸借権）等は無効であるとし、露清間の旅順・大連租借条約の25年目の返還期限となる1923年3月26日には日本の権利は終了すると主張し始めたのである。

この年1月19日、北京政府参議院は、21カ条要求中の関連条項を無効と見なす衆議院決定を満場一致で採択、3月10日に張紹曽《ちょうしょうそ》内閣から日本に廃棄通告がなされた。日本政府がこれを拒否すると、旅大回収期成会・21カ条撤廃後援会等の団体が結成され中国各地で日貨排斥とデモ・ストライキが激しく行われた。

以下、その中からとくに重要なものを列記しておこう。

①長沙事件

6月1日、湖南省の長沙で排日運動家たちが日清汽船武陵丸に乗船する中国人を妨害しようとして船員と衝突する。日本側は軍艦伏見から陸戦隊が上陸、投石する学生らと衝突し中国側に2名が死亡した。長沙事件である。日本領事館は正当防衛を主張、中国側は背後からの射撃を主張し真相は不明であるが、一帯は危険になったので日本人は軍艦・領事館・安全な都市などに避難した。

以下は、この時期の排日運動の様相を報道する福州と廈門についての記事である。日本側の被害が大きく強調されていることはいうまでもないと思われるが、実相の一端は垣間見えよう。

福州の排日は五年以来断続的に行われている年中行事であったが、今年のは意外に根強く例年とは趣を異にし、二十一箇条、旅大回収問題の発生で支那人の憤慨その極度に達し、排日熱高潮した模様で五月九日の国恥記念日当日上海商総会は疾くに各地へ排日宣伝を打電した。彼等が先ず第一にとったものは日本船舶に対する荷役のストライキで、学生団が中心となり日貨の没収暴行が白昼堂々行われ、官憲は之を取締るどころか孫伝芳部下の兵はこの騒動に参加して金品の掠奪、婦女の凌辱を敢行して全然無政府状態と化し、富豪紳商連は避難したものすらある。廈門の排日は福州の暴行とは異り秩序正しく持久的態度で行われ荷役は全く不可能に陥ったが、学生団と称するものも多くは無頼漢で之等の為すところは福州と選ぶ処なく、暗殺団、鉄血団など称する団体により凶暴が行われている。尚日貨の在庫品に対して罰金を課しているが無法にも罰金を徴収された商人は数百に上り罰金の総額も十万弗に達している。(大阪毎日新聞 1923・6・6。句読点を補った)

芳沢謙吉駐華公使は顧維鈞外交総長に排日運動の取り締まりを再三働きかけたが、効果なく対中輸出は激減していった。これは9月の関東大震災まで激しく続いていく。

②商租権（土地貸借権）問題

1923年に王永江奉天省長が商租禁止を訓令したことから日本人の土地経営は著しく困難となっていき、商租権（土地貸借権）は履行されなくなっていった。ここから、1929年、中国の鉄道が係争中だった日本人榊原政雄の土地を横断する設備を作ったため、榊原が外交ルートを通じて抗議後実力行動に出た榊原農場事件（満州日日新聞、1929・6・28－30。満洲青年聯盟史刊行委員会、240－241、430）が起こり、1931年には朝鮮人と中国人の土地をめぐる著名な抗争万宝山事件も起こる。

③鉄道権問題

1921年の一部区間起工を手始めにした1924年の東三省交通委員会設置など王永江奉天省長の鉄道政策は、国権回収運動として行われたものであった。結局日本側はこれを満鉄包囲計画と受け止めることとなり、以後「満鉄の危機」がいわれることになるのである。

④教育権回収運動

教育権回収運動とは、1924年頃から日本の教育は文化侵略とする批判が高まってきた結果起きたもので、日本管轄地における教育権を中国側に移行することが目指された。この運動が排日気運を高めたのは当然のことであった。

これらの動きにおいては「東北政権自体が日本の権益に反する政策を行っている」のであり、「条約的根拠が一方的に破棄されている」（服部、125―127、川島・服部、122）と見られるのであった。中国は条約自体を認めないとして実力行動に出るようになったのであるから、その運動はこれまでのものとは基底的に変質したものとなったのである。言い換えると日本側の危機感は、大正初中期の時期に比べ、極めて深刻なものとなっていったと見てよいであろう。日本側の対策の困難性は高まるばかりであった。

第一〇章
国共合作、5・30事件（1925）

こうした傾向に輪をかけたのが中国共産党の反帝国主義運動であり、それとの国民党との融合であった。次にその展開を見ていこう。

1923年、孫文は広州に比較的安定した政府を樹立し、翌年1月の国民党第一回全国大会は、孫文とソ連からの顧問ミハイル・ボロディンの路線に従い国民党の大改革を行うこととなった。「連ソ容共」路線である。共産党員が国民党に多数入党した。

1924年6月、黄埔軍官学校が開設されている。校長は蔣介石だが、教授部副主任に葉剣英、政治部副主任に周恩来と共産党の要人が有力ポストに就いている。翌年3月孫文は死去するが、いわば公認された共産党の活動は党外でもさらに活発化していった。

こうした背景があったからこそ起きたのが次に見る5・30事件である。

中国に進出した日本の紡績会社は在華紡と呼ばれ、1909年に内外綿株式会社がまず上海に進出。以後、青島・天津にも展開し、大正末には15社となりイギリスを抜き最大の規模となっていた。

そこは、過酷な労働現場であったとする見方もあるが、「労働者の取り扱いにおいて日系の紡績工場はすべての外国人雇用主にとって手本」（Henry Woodhead = Peking and Tientsin Times 編集者、後藤、57）といわれていた、とイギリス人ジャーナリストは指摘している。

いずれにせよ、1924年に共産党は外国資本の産業労働者を組織して反帝国主義闘争を展開する方針を立てており、この在華紡労働者への浸透を図って地域的労働者組織として結成されたのが「滬《こ》西工友倶楽部」であり、そこでは強力な争議の準備がなされていた（高村、144。江田憲治、38）。

1925年2月内外綿において共産主義的傾向の労働者数名を解雇したところストライキが起き、6工場でも争議となった。日本人監督は殴打され、工場設備が破壊されたという。2月15日、豊田紡績が襲撃された。日本人1人が胸部を撃たれ、数名が暴行され蘇州河に投げ込まれ1人が死亡している。5月、内外綿で労働者の解雇によりストが起こると、会社は工場を閉鎖した。5月15日、労働者と日本人が衝突、今度は労働者1名が死亡した。5月30日、労働者のデモにイギリス人警部指揮の租界警察が発砲、4人が死亡し9人が負傷した。以後、ゼネストが起き、6月10日までに外国人所有107工場で13万人の労働者がストに参加。6月12日には国民対英対日外交大会が開催され〝英はアヘン戦争以来の敵〟と宣言された。

6月23日、広州沙面《さめん》の外国租界で5万人のデモがあり、詳細はわからないが発砲があり、中国人52人、フランス人1人が死亡した。その後激しい反英ストとボイコットが続き、経済断交は16カ月に及び、中国南部のイギリス貿易は麻痺、イギリス綿布輸入は半減した。中国貿易に占めるイギリスの比率は4割超から3割となった。

日本からイギリスへと攻撃対象が変わった理由について、賀徳霖《かとくりん》北京政府元財政次長は、単なる労働争議とイギリス人警官の「横暴」を対比している。また、労働争議では日本人も死亡しているということもあった。

これに対し、中国が一度に敵に回すのは1国とするための列強分断を企図していると見たイギリスは、日本の協力を期待した。6月12日、幣原外相も「日英離間運動に引き込まれる」など指示している。

6月24日、北京政府の沈瑞麟《しんずいりん》外交総長は、5・30事件の解決条件を北京外交団首席公使に示すとともに、ワシントン会議参加国に領事裁判権と租借地に対する改善を要求した公文を送った。後者は不平等条約の改正を求めたものであり、「ワシントン諸条約・諸決議の変更という重大な意図を含むものであった」（西田、(1)、62）。すなわち5・30事件という個別的事件を一般化しようとしたのである。

前任のヒューズと異なり親中国的なアメリカのケロッグ新国務長官（3月就任）は治外法権問題についての調査団の派遣をメイヤー・駐華アメリカ代理公使に伝達した（マクマリー新中国公使は「ワシントン会議の規定を厳守するのが賢明」と考えていたが）。これに対し、イギリスのチェンバレン外相は、排外運動の抑制なくして「一切の改革を議論する余地はない」と見ていた。

幣原喜重郎

こうした状況のなか、6月29日、幣原外相は「日米英三国協力」を強調し、芳沢駐華公使に列強と中国の仲介を指示した。

しかし、イギリスは何よりも日本の軍事力に期待していた。当時、イギリスは地球の陸地の24％を支配しており、兵力が分散したなか、外務省の陸軍派遣要求をイギリス陸軍省は拒否するという有様だったのである。日本は6月8日、海軍を上海に増派しているが、イギリスは遅れに不満であった。

8月11日、幣原外相は、アメリカのネヴィル駐日米代理大使に、アメリカが好意的に言うほど中国司法は改善されておらず、治外法権撤廃という中国の最終目標に対するイギリスの反対にも同意せずと伝達した。幣原のスタンスは「英米両国の態度は両極端」と見、「両国態度を調整する」ことであった。

こうした幣原の調整で、9月4日、駐華公使団は沈瑞麟外交総長に不平等条約改正問題につき回答し、関税と領事裁判権の審議に入る方向を伝えた。

8月11日、日本は中国とスト問題を単独解決した。これに対しイギリスは不快であったが、仏伊米各国は歓迎した。こうしてその後、結局9月26日にイギリス資本の紡績工場ストも解決した。

この事件全体を通して見ると、イギリスは一貫して強硬路線をとり続けており、日本の軍事力に期待していた。従って「幣原の外交は（中略）イギリスに少なからず不評だった」（後藤、6)。これに対して、アメリカは逆に親中国的に過ぎイギリスと相反する態度に終始した。一方、日本は不必要な対中干渉を避け、調停に功績を発揮していた。

「幣原は、米英に比してワシントン体制での協調外交に最も忠実」（服部）だったのである。

それに対し、ワシントン会議の部外者たるソ連の影響を大きく受けた共産党と融合した国民党が、反帝国主義運動の名の下にワシントン条約遵守の観念が薄かったのも当然であった。英米日中の微妙な力関係の中に事態は次の段階を迎える（以上は基本的に、後藤、55－84。服部、159－163）。

第一一章
北伐（1926）、南京事件（1927）

以上を踏まえたうえで、いよいよ北伐以降の時代を見ていくことにしたい。

1926年4月、張作霖は北京に入城、段祺瑞を下ろし、安国軍総司令を自称した。これに対して7月、蔣介石の北伐軍は広東を出発、前年に亡くなった孫文以来の宿願の中国統一に向けて動き出す。北伐軍は8月長沙、10月武漢を占領、着々と主要都市を攻略していった。これは列国とのトラブルも頻発させた。

1926年9月、揚子江上流の四川省万県でイギリス船が拿捕されたのに対し英艦船が砲撃を加えた万県事件が起こり、反英運動のいっそうの激化を招いた。

その後、1927年1月3日、漢口で反帝宣伝をめぐって起きたトラブルから激しい反英運動が起き、イギリス租界に群衆がなだれ込み、その群衆が集会を開き占拠・租界奪回を決定するという事件が起きた。

1月6日、同様の事件が九江でも起き、領事を含めイギリス人は全部撤退することになった。国民政府による「革命外交」という名の実力行使の実現であった（後藤、98。石川、25）。

さらに、1927年3月に起きたのが第二次南京事件であった。入城した北伐軍が英米日の領事館やアメリカ系の金陵大学等を襲撃、日英米仏伊人が死傷した事件である。

日本領事館には兵士約150人に市民も加わり数百人が乱入、集まっていた日本人居留民約100名に発砲し暴行した。日本の租界警察署長は腕を撃たれ駐在武官は殴打された。家財はほとんどすべて略奪され、暴行は四時間以上続いた。

また、居留民の住居の大半が略奪され、外国艦船も攻撃された（日本人水兵1名がこの時死亡）。英米軍艦は反撃のため発砲したが、日本だけが幣原外相の不干渉政策に則り攻撃をしなかった。そして、その後蘇州等から約3000人の日本人が財産を放棄して帰国する事態になった。

これを日本の新聞は以下のように伝えた。


日本領事館内に入ってみると館内の建物は目茶々々に破壊され、その混乱惨状は目も当てられぬほどである。その中を無数の無頼漢や兵士がなお盛んに器物を壊したり発砲して暴れ廻っておる。邦人避難民は荒畳を領事館の裏庭に敷いて難を避け、乳飲み児が火の出るように泣き叫ぶ傍に根本陸軍武官と木村警察署長とが全身血を浴びて打倒れている。それは予が嘗て見たことのない凄惨な場面で応急手当さえしていない。両氏の傷口からは泉の如く血が滾々として湧き出て来る。銃声はなお耳近くでけたたましく響く。

掠奪兵の群は次から次へとその数を増し、財布、指輪、時計などを手始めに衣服、毛布、トランクなどを手当り次第に奪い取り、更にその後に来るものは金を出せと迫りつつ婦人達の髪を解かせ、足袋を脱がせ、帯を解かせ、或る婦人の如きは下帯まで丸裸にされてしまった。抱かれている乳飲児の玩具、帽子、靴下までひったくって洗いざらい持去り、その揚句蒲団、家具類をどんどん運び表に待たせた自動車や騾馬に満載して、その中いよいよ取るものがなくなってくると、先から手擲弾を投じたり、小銃を撃ち込んだりして破壊していた大型金庫を開けよと迫り、盛んに発砲して阿修羅の如く兇猛の限りを尽くした。ここに起居していたものは女子供ばかりなので、掠奪劇しさを加うるにつれ、混乱はその極に達し、母親は髪を振り乱して細帯一つで子供を負って逃げまどい、子供は父母の名を呼び火のつくように泣きわめき、阿鼻叫喚の惨状を呈し、正視するに忍びざる惨憺たる場面を現出した。そうする中に無頼漢の大群衆が押寄せて残された家具類、調度品を何もかも持去り、ストーブ、便器、履物に至るまで残るところなく掠奪して行く。

（大阪朝日、1927・3・30。句読点を読みやすく改めた）

こうした事態が起きたことについては、蔣介石の立場を悪くしようとする中国共産党の陰謀という有力な説があるが、真偽は不明である。有力説である陰謀説の根拠の例を挙げると、掠奪兵が「日英帝国主義打倒、華俄《かお》（ロシア）一家」と言ったといい、日本の駆逐艦に避難する際在留日本人のところに第2軍党代表・政治部主任の楊某が現れ、遺憾の意を述べ、「在南京共産党部員が悪兵を煽動案内」したのが原因だと言って、取り締まりと賠償を約束したという記録があるのである。これは外務省から調査を命じられた外務省嘱託米内山庸夫の調査報告書に基づくものである（青森県立図書館蔵）が、これらから森岡正平南京領事、イギリス領事、アメリカ領事・宣教師たちは共産党によるものと見たのである（佐藤公、310―327）。

幣原外相ら日本側はこの中国共産党の陰謀説をとり、「勇気果断を以て解決の衝に当たる」ことを暗に蔣に促している（4月12日には上海反共クーデターが起きる）。

イギリスは事件を「共産主義活動の第一段階に過ぎず」と見て、ティリー駐日大使を通して、せめて華北では日本の軍事力を行使するよう求めたが、幣原は拒絶した（栃木・坂野、

259—262。後藤、114—117)。

続いて漢口事件が起きる。これは漢口の租界に上陸した日本人水兵に子供が石を投げたことから争いが起こり、中国人群衆が水兵・副領事・日本人居留民に攻撃を始めたので約200名の日本海軍陸戦隊が上陸、鎮定した事件である。

これも経過については不明な点が多いが、ここでも結局、居留民2200名の大半が帰国することになった。

イギリスは、再度共同行動と制裁への参加を日本に持ちかけたが、幣原は再び拒絶した。チェンバレン外相は「幣原男爵の楽観主義(あるいは臆病さ!)は救い難い」と嘆き、イギリスは歩兵一個旅団と砲兵部隊を上海に増派することを決めた。イギリスは幣原外交の転換を望んでいた。この時、幣原外交はイギリスにとって協調外交ではなかったのである(後藤、117—121)。

いずれにしても重要なことは、中国居留の日本人からは激しい出兵の要請があったし、日本国内では激しい反中国世論が起きたということである。

結局、この時期、旅順大連回収運動をはじめとした一連の国権回収運動に引き続き、第二次南京事件をはじめとする続発する中国軍の暴行事件が日本の世論を大きく刺激したのであった。とくに第二次南京事件は幣原外相の不干渉政策の時代であり、日本だけが砲撃に加わらなかったことは「弱腰」と見られ、不満のマグマは溜められ鬱積したものになっていったと見てよい。新聞報道が例によってセンセーショナルであったことが世論を刺激したことはいうまでもない。

「ジャーナリズムは、北伐に際しても依然として幣原の政策を支持していたが、南京事件が起こって居留民に危害が及ぶに至ると、もはや幣原外交を積極的に擁護することはなくなった」のである（西田、(2)、115）。

第一二章
済南事件（1928）

こうした事態を生起した後、北伐軍は華北への進撃を開始する。これに対し、幣原が外相をしていた若槻礼次郎内閣に代わり田中内閣が登場する。田中義一首相は、張作霖に満蒙を支配させ蔣介石にはそれ以外の中国を支配させることを考えていた。その田中の下には蔣介石からの密使が来たが、張作霖からの密使も来、日本で両者の密使の接触も行われているという有様であった。日本の存在は大きく、対立するばかりではなく調停の役割も期待されたのである。

そして、田中は結局、1927年5月第一次山東出兵の声明を行った。満州から約2000人の陸軍部隊を派遣したのである。居留民保護が目的であった。当時、済南・天津・北京・青島に約2万4000人の邦人がいたのである。7月に先遣隊を済南に前進させ、さらに2000名増派した。

ところが、7月から8月にかけての徐州会戦に敗れた蔣介石は辞職を宣言し、結局下野する。田中内閣は8月末に撤兵声明を出し、9月に日本軍は撤兵を完了した。

日本軍の出兵後、米英両軍も華北の治安維持のため出兵している。アメリカは陸戦隊を大《ター》沽《クー》へ、イギリスは天津・威海衛に歩兵隊900名を派遣したのである。米英ともに田中内閣の出兵を評価しており、チェンバレン・イギリス外相は親日的立場を強め、マクマリー・アメリカ中国公使はケロッグ国務長官と会談後、日本軍が撤兵しないよう芳沢謙吉駐華公使に説いている（服部、193─194）。

とくに、日本の軍事力を頼りにしていないながら5・30事件での出兵の遅れに続き南京事件でも漢口事件でも軍事行動をしなかったことに不満を感じていたイギリスの喜びは大きかった。

チェンバレンは「日本が北部に軍隊を動かし（中略）北京と天津の防衛に積極的な関心を示し始めたというのは素晴らしいことだ」

田中義一

である。

と言っている。さらにイギリス外務省は日本の政策の変化を歓迎し、在日大使館に、チェンバレン外相が田中のメッセージを「大きな安堵と信頼感」で受け取ったことと「田中の与えた情報と田中の率直で友好的な態度に非常に感謝している」ことを告げるよう指示したのである。

またイギリス陸軍省も、田中による日本の政策変更を「心から歓迎」し、『ノース・チャイナ・ヘラルド』紙は、出兵は「華北の外国人社会がすべて心底安堵した」と論じたのだった。イギリスは、幣原より「むしろその後に登場した田中の外交に期待し（中略）歓迎していた」のである（後藤、125―126）。

さて、1927年1月、武漢に左派勢力を中心にした汪精衛らの国民党政府が誕生したので、南京とともに二つの国民政府が存在するような状態になっていた。

これに対し、馮玉祥は二つの国民政府の合流を企図し、6月20日徐州で蔣介石、胡漢民らと会談し、21日ボロディンの解任とソ連への送還、共産党の駆逐、共同して北伐を行うことを武漢に要請する。これを受け、7月15日汪精衛《おうせいえい》は武漢において分共会議を開催し、国共合作の停止を決定。この時、武漢は調停の条件として蔣の下野に固執したため、8月13日になって蔣は、国民革命軍総司令の職を辞し、下野を宣言せざるをえなくなったわけである。下野した蔣は来日する。これは重要な来日であったが、そのことを見る前に当時の日本側の事情を見ておこう。この頃開かれたのが東方会議である。

東方会議は、田中内閣成立後1カ月ほどした6月27日から7月7日まで中国政策を検討するために開かれたもので、かつては誤解もあったが、実は「中国関係者の情報交換会としての性格」（酒井、72）という面が強いことが近年認識されてきた。

田中首相ら閣僚、芳沢駐華公使、吉田茂奉天総領事、関東長官、関東軍司令官、外務政務次官森恪らが出席、7月1日、対支政策綱領を発表した。

中国本土に対しては中立的立場をとり、在留邦人保護に関しては断固とした措置を講じる、満蒙に関しては日本の特殊的地位を尊重し政情安定化を講ずるものを支持・援助するというものであった。蔣介石の中国統一を妨害せず既得権益は守る、満蒙では張作霖を援助し権益を守り、さらに発展させるという点では、外務省の伝統的中国政策にほぼ一致していた。

この線に沿い、7月20日、山本条太郎（政友会）を満鉄社長に任命。山本はかなり強硬な交渉を行い、10月15日満蒙五鉄道建設請負

吉田茂総領事

協約（山本・張協約）を結ぶ。これは1928年5月に契約が成立し、3カ月後に発表、工事着手することになっていたが、張の爆殺により中止となる。

東方会議の結果は、蔣介石の意向と必ずしも対立するわけではなかった。ただ、田中首相ら日本側には満州の権益を守ることへの強い固執があったわけである。

蔣介石の来日はこの二カ月半後であった。

1927年9月29日、蔣介石は張羣《ちょうぐん》ら9名の同行者とともに上海を出発、29日長崎着。長崎、雲仙、神戸、有馬、奈良、大阪、東京、箱根、日光等をめぐり、11月8日帰国した。訪日の目的は、表向きは有馬温泉にいた宋美齢の母を訪ね、美齢との結婚の許しを得ることであった。従って、田中首相との会談は日本に来てから決まったことであった。11月5日、蔣介石は、午前中民政党の浜口雄幸総裁を訪問、午後に青山の私邸で田中に会った。

田中は「列強中貴国に最も利害関係を有するものは日本なり　日本は貴国の内争には一切干渉せざるべきも貴国に共産党の跋扈《ばっこ》することは断じて傍観しがたし　此意味に於て反共主義者の貴下が南方を堅むることは日本としても大いに望む所にして……日本の利権其他を犠牲とせざる限りに於て貴下の事業に対し充分の援助を惜しまざるべし」「日本の願う所は唯満州の治安維持にあるのみ安心あり度《た》し」と言い、これに対して蔣は「南方を堅めて而《しか》して

蔣介石（中央。右は宋美齢夫人、1937年。読売新聞社提供）

後方を伐つべきこと」に同意し、「自分は共産党が跋扈せば起つべし」「支那の国民は軍閥が日本に依頼し居るものと誤解しあり　故に日本は吾人同志を助けて革命を早く完成せしめ国民の誤解を一掃する事必要なり　而して事如此《かくのごとく》なるにては満蒙問題も容易に解決せられ排日は跡《あと》を絶つべし」と言った。

　こうして、蔣は田中との会談後「日記」に「その人は、体格と精神がその他の政治家と比べて、良い」と書き、ある種の合意ができたと考えて帰国したのであった。このことが、済南事件の際の大きな失望につながるようだ（「田中首相蔣介石会談録」〔「帝国ノ対支外交政策関係一件（松本記録）」〕、外務省外交史料館史料、A—1—1—0—10、

P・V・M。台湾国史館檔案史料「蔣中正総統文物002-020100000015009、黄自進、2011、98、99、家近、ちくま58—59)。

その後、1928年4月に北伐は再開される。この時行われたのが約5000名の第二次山東出兵であり、日中両軍が衝突したのが済南事件であった。後述の奉海線をめぐる協定破棄問題・京奉線延長問題・車両実力流用問題で日本側を怒らせた直後の出兵であった。

済南には約2000名の居留民がいたので、4月26日に支那駐屯軍から3中隊を派遣、26日には第6師団の先遣隊が到着したが、5月1日に北伐軍が入城。3日に満州日報取次販売店が略奪にあった(中国側は、日本人がこの付近でビラ貼りを妨害したのが原因と主張)のをきっかけに両軍が衝突、4日までに日本軍の死者10名、居留民の死者13名であった(中国側は、中国の死傷者1000名と主張)。

日本側の犠牲者が過大に報道され、対中強硬論が強くなるなか、日本政府は4日に関東軍からの1旅団の増派を決定、さらに8日に1師団の増派を決定する。結局1万5000人が動員された。第三次山東出兵である。9日から10日にかけて戦闘が行われ、日本軍は中心部を占領した。死傷者については中国サイドから、中国側の死者3254~3600人、負傷者1400~1450人、日本側の死者25人、負傷者157人という数字が出ており、これによると中国側が非常に多いが、この数字はすでに中国側の宣伝戦によるものだという主張もあって、正確なところはわからない（宮田、113―115）。

これに対し南京・上海・漢口・広東など主要都市の排日運動は激化、排外運動の主対象は5・30事件以来のイギリスから日本へ転換となり、岡本一策南京領事は城外へ避難せざるをえなかった。

外交交渉は1929年3月まで続けられ、2カ月以内の撤兵・双方の損害賠償・国民政府による日本人保護の保証等についての合意を見ている。

この事件により、蔣介石は「雪恥」を誓った（日記による）。蔣はこの言葉を書き続けており強い反日感情を持ったことは間違いないが、こうした言葉は書き出すとやめられないということもあり、長期的に持続した感情であったかどうかはわからない。しかし、田中首相との会談で蔣が日本に対して持った「期待」を裏切られ、猜疑心の方を強めたことは間違いないであろう。この後、国民政府の外交部長は知日派の黄郛《こうふ》から王正廷に代わる。そして王は過激な「革命外交」を実施し始めるのである。

また、第一次出兵においては日本に好意的であった米英が中国国民党寄りにシフトしていく。中国国民党中央執行委員会は日本の不当性を事件前からボラー・アメリカ上院外交委員長に訴えていたのである。もっとも元来、アメリカは中国寄りなのであるから、いっそう傾斜が深まったというべきかもしれない。

1928年5月、済南で日中両軍が衝突する

また、イギリスに関しては次のようなことがある。やや後になるが1928年7月17日、中断していた英中の南京事件交渉が再開したが、24日、孫文の息子孫科と胡漢民がロンドンでチェンバレンに会った時、彼らは、〝イギリスは貿易のみだが日本は領土的野心がある〟と告げたという。この時、イギリスは中国の列国分断策を感じたのだった。

さらに8月25日、アメリカが一気に完全関税自主権を認める新条約を調印してイギリスを驚かせたが、8月に中国はイギリスとの関税交渉も急ぎ始めていたので、この時もイギリスは、日本孤立策を感じたという。

一方、8月3日、米中間の南京事件交渉は決着し、8月9日、イギリスも決着しているから、全体として不平等条約の早期解消を目指す中国の対列国外交は巧みだった。こうして、中国は、日本を抜きにして米英との交渉を優先的に解決したわけである（後藤、160－161）。

さて、済南事件全体の詳細についてはなおわからないところが多い。発端については蔣介石を失脚させるために、国民革命軍内部で手筈が整えられていたという南京事件と同じ原因説があるが、南京事件と同じく真相はわからない。

中国2万対日本3500の兵力差で、事件前に鉄条網や砂袋を日本軍が撤去したことからも英米人は日本軍が原因とは見ていなかった。5月10日に済南入りしたアメリカ人ジャーナリスト、ハレット・アーベントは第二次大戦中に「この誰にも異議のない事実（鉄条網や砂袋の防護がない、3500の兵力で2万の相手に戦闘をすることになる）だけでも日本が意図的に戦闘を始めたとする中国の非難を論駁するのに役立つ」と書いている（後藤、144－147）。

5月7日以降の日本軍の行動については、例えば福田彦助師団長の12時間期限の要求を過酷とする見方もあれば、この頃日本人に対する暴行が頻発していたので責任上やむをえないとする見方もあり、研究者の評価が分かれるところである。ともあれ「済南事件の発生は、日中双方にとって意図せざる結果」であったことは間違いない。

こうして、この事件以後中国国内で日本が最大の排外運動の対象とされることになっていった。また、この前後から列国分断策の対象が日本に固定され、日本孤立策を中国は明瞭に工作し始めた。米英も明瞭に中国寄りになり始めた。ただ、これは済南事件の前から起き始めていたことであり、この事件だけで起きたわけではなく、また、1931年には英中の治外法権問題交渉が決裂するなどのことも起きるので、ここがすべての分岐点というわけではない。しかし、この時点で日本が中英米関係の中で最も困難な局面に立たされたことは間違いないといいえよう。イギリス外務省極東部のグワトキンは次のように言っている。

日本は薄氷を踏むような危険な状態にある。満州と山東のみならず、さらには国民党に対する姿勢全体においてである。日本は一九二五年から一九二六年に我々が占めていた不愉快な地位を占める危険がある。

（佐藤、229—244。服部、202—210。宮田、98—117。後藤、147）

第一三章
張作霖爆殺事件（1928）

1928年4月、北伐軍は北京に入城。張作霖の帰趨が注目されるなか、彼は満州に帰ろうとし、6月4日乗っていた車両が爆破され死去する。張作霖爆殺事件である。これは、張の日本に対する非協力的態度に対し関東軍高級参謀河本大作大佐が仕組んだ陰謀であった。張作霖爆殺事件についての最新の研究成果としては宮田著がある。従来、満州事変と同じようにその後の軍隊出動が考えられていたとする説もあったが、宮田は河本の「単独犯」的犯行とする見方を強く出している。

それによると、河本は事件直前に磯谷廉介宛の書簡で次のように書いている。

張郭戦後の張の暴状は言語を絶す。恩を施して其代償を得んなどと考える日本人は念

爆殺当時の現場。張作霖の乗っていた展望車は車軸と床を残し吹き飛んだ

の入ったお人よしなり。奉天の鉄道問題を紛糾させて一つクーデターをやる心算で居るのに、秦、土肥原等は鉄道問題を除外し（中略）まことに手緩き次第。今度は二十年来の総決算をやる覚悟で臨まねば、満蒙の根本解決は得られない。今度という今度は是非やるよ。止めてもドーシテモやって見る。満蒙解決のために命を絶たるることは最大の希望でもあり名誉だ。

（河本大作書簡、１９２８・４・18、『現代』１９９２・９。書簡の考証につき、宮田、注記59参照）

「恩を施して其代償を得」ようとしていた田中首相を批判し、反日的になった張には実力行動しかないという意図を綴ったものだが、「奉天の鉄道問題」が直接的契機になっていることがわかる。これは、中国が、奉天と海龍を結ぶ奉海線というものを１９２７年９月に作ったのだが、経営に行き詰まったところ、満鉄と１９２８年2月に提携交渉が一旦成立。しかしその後、破棄を申し入れてきて、中国側の京奉線という鉄道との合併を図ったものである。これは、そのほかもろもろの鉄道建設とあわせ満鉄包囲網を形成するので許容できないというのが日本の立場であった。１９０９年と11年の協定・協約で決められた京奉線の延長規定を越えており違反と日本側は主張したのである。

中国側の破棄の結果、京奉線に大量の滞貨が出ていたのだが、これに対し、奉天政府は、満鉄から担保として借り受けていた別の線の車両を使用しようとしたので、満鉄は拒否。奉天総領事館もこれに警告を発したが、奉天政府側は3月26・29日に無断で奉海線への車両引き込みを強行した。日本側の強い抗議も無視であった。こうして関東軍の内部に実力行使に対しては実力行使をという強い議論が出てきていた。これが河本の言う「クーデター」云々なのである。

4月11日に満鉄は京奉線から満鉄車両を引き揚げる実力行使を行い、関東庁・関東軍・領事館・満鉄が一致して軍事力と警察力の行使を決めた。京奉線からの車両引き揚げと兵隊の輸送拒否は、北伐軍の迫るなか奉天軍を困らせ、ようやく張は妥協をはかってくることになる。すなわち、14日に破棄の取り消しと流用の取り止めを申し出るのである（以上は、小林、76―83、87―88による）。

張作霖の葬儀。葬儀場の前に整列した将兵

もし、張がさらに妥協することを拒めば関東軍の軍事力行使が行われていたであろうが、中国側の明白な協定違反と見られるので、日本側の謀略による満州事変などと違い、その後の事態はかなり変わった可能性のある事件であった。

さて、張作霖爆殺後、息子の張学良は国民政府に加わる易《えき》幟《し》（五色旗→青天白日旗へ）を敢行、日本側と見た楊《よう》宇《う》霆《てい》を自ら殺害する。

こうして、陸軍の一部による張作霖爆殺のような大きな行き過ぎた行動は蔣介石と張学良の対日不信感を大きく高めたばかりでなく、中国世論をさらなる反日に大きく動かす結果を導いてしまう。

その後、父を爆殺された張学良は日本に反抗し、西安事変で共産党と国民党を合作させる。その行動は、日本軍をますます中国大陸の奥地の泥沼の戦争に引きずり込み、最終的に敗北させる大きな要因になるのである。

西安事件。蔣介石（中央）。右２人目が張学良（1936年10月）

すなわち長期的に見ると、小さな日本が、大きな中国を呑み込もうとして、逆に呑み込まれる大きな要因となったのである。謀略の代償の大きさを中国の捕虜となった河本は知ったであろうか。

第一四章

中ソ戦争（１９２９）

次にここで、ワシントン会議以降の情勢を見ていくについては、米英との関係に加えてソ連との関係という問題もあることを指摘しておきたい。

ロシア革命後の１９１９年、カラハン宣言を発して在華権益の放棄を中国に提起したソ連は、１９２４年には中ソ協定を結んだ。実際には在華特権は放棄されていなかったが、そうした印象を与え、孫文の「連ソ容共」路線にまで至るが、ワシントン会議に入っていないソ連の行動はそれに挑戦的であり、在華特権のなかでも在満鉄道利権の獲得には熱心であった。

１９２９年5月27日、ハルビンのソ連領事館は数十名の警察の強制捜査を受け、39名が逮捕され、多数の文書が押収された。コミンテルンの秘密会合が開かれているということからなされた捜査であった。文書の焼却が始まったので消防隊が出動しており、何かしら秘密活動が行われていたものと思われる。

7月10日、蔣介石・張学良・王正廷が会談、中ソが共同で経営していた中東鉄道からのソ連人・共産主義者の追放と実力回収が決められ、11日にかけて実行に移されていった。1924年の協定では、相手国と暴力的に抗争することを目的とする機関の存在を許さず、相手国の政治的社会的組織に反対する宣伝を行わないことが決められているのに、共産主義の宣伝と破壊活動の煽動を行ったというのが理由であった。

7月13日以降、ソ連のこれに対する抗議と中国からの24年協定違反への非難の応酬があった後、17日ソ連、19日中国がそれぞれ相手国に国交断絶を通告した。岡本南京領事は「蔣介石始め支那側要人は満州に日本の勢力ある以上露国は到底支那に対して強硬なる手段に出ること能わずと信じ今回の通牒も単なる恫喝に過ぎずと高を括《くく》り居たる模様」と報告している（臼井、研究、23）。

スティムソン・アメリカ国務長官の示唆を受けたブリアン仏外相は、19日パリで中ソ代表に平和的解決を勧告した。

同日、日本では幣原外相がまずソ連のトロヤノフスキー大使と会談、武力行使は不戦条約違反になることを説いた。ソ連のトロヤノフスキー大使は中国のソ連人拘禁・追放が兵力の行使であり、これに対する行動は防御戦争なので不戦条約違反にならないと抗弁。その後、幣原は中国の汪栄宝公使と会談し、ソ連との交渉なしに実力行動に出たことを問題視し、実力によるソ連人の追放は不戦条約に違反すると話した。そして、両者に交渉の橋渡しをする勧告をした。

スティムソンは幣原の勧告を了承し中国も歓迎したが、ソ連は原状回復が先決とした。そこで、幣原は中ソ公使・大使に直接交渉を勧告した。

7月30日満州里で中ソ直接交渉の予備交渉が始まった。交渉の間、幣原は東京で妥結を斡旋したが、8月14日、管理局長任命問題がまとまらず会談は決裂した。8月6日にソ連は特別極東軍を組織し、交渉決裂後の16日約700名のソ連軍が砲兵の援護下、満州里の南ジャライノールに攻撃をかけた。ソ連の戦闘行為による事態の悪化を懼《おそ》れた幣原は両国間でさらに斡旋を図ったが、中国は斡旋をドイツに依頼した。

ドイツの仲介もやはり管理局正副局長問題でまとまらないなか、9月からポクラニチヤや満州里で軍事活動を活発化していたソ連軍は11月17日、飛行機約20機でジャライノールや満州里を爆撃、牡丹江の中国軍飛行場にも爆弾を投下するなど大規模な軍事攻勢をかけ世界を驚かせた。

17日から20日の攻勢で中国東北軍第17旅7000人はほぼ全滅、第15旅数千人は日本領事の斡旋で降伏、ソ連軍は満州里に入った。続いて23日から飛行機12機がハイラルを爆撃、市内の中国兵は破壊・略奪・放火をして撤退した。

続けてソ連軍は27日にハイラルにも進駐した。その後ソ連軍は満州のあちこちにさらに無差別爆撃を行い、興安嶺以東まで攻略占領した。

アメリカのスティムソン国務長官は25日に出淵駐米大使を呼び、ソ連軍の国境越えの侵攻は不戦条約違反だと伝え、フーバー大統領と協議し各国に協力を依頼し声明を発することにした。12月3日、米英仏は中ソ二国に不戦条約違反にならないようにとする声明を発表した。中国は歓迎したが、ソ連は自衛行動だとして反発した。が、その時すでに中ソ間の直接交渉は始まっていた。

すなわち、このままでは「東三省の存立を危殆《きたい》ならしむる虞《おそ》れある」と感じた中国は、国連への提訴を考え、常任理事国日本の協力を求め幣原外相に援助を要請したが、幣原はソ連との直接交渉を勧めたのである。

12月1日中国側の交渉員がハバロフスクでソ連の外務部代表と会談、3日には管理局正副局長問題で中国が全面的に譲歩した議定書ができ、23日にこれが正式のハバロフスク議定書となり調印された。

こうして、ソ連は1922年のソ連邦成立以来初の対外戦争を勝利で飾った。この時、スターリンは10月7日付けのモロトフ宛の手紙で、中国人を主とした旅団を満州に送り込み満

スターリン

州内の軍隊に暴動を起こさせ、それらの兵士からなる師団を編成しハルビンを占領、張学良を退位させ革命権力を樹立するという「ソ連版の満州事変」構想を語っている（麻田雅文、192−204）。誰も従来指摘していないが、ソ連に投降した中国軍兵士がソ連軍から優待され教育を受け「張学良を慌てさせた」という事実の指摘はこのことを指すものと思われる（臼井、研究、33）。

中国軍がさらに抵抗を続け、ソ連軍がこの工作を実施し、中国が国連に提訴していれば、日本がリットン調査団的なもののメンバーになっていたかもしれない。ただ、中ソ戦争の項、中国国内では翌年の中原大戦といわれる国民党軍と反国民党軍閥連合軍との巨大な戦争につながる激しい内戦が開始されているので、その可能性は少ないのであるが。

日本がスティムソンの声明に加わらなかったのは、すでに中ソ間で直接交渉が始まっているということもあったようだが、幣原が、中国の強引な中東鉄道実力回収、ソ連の軍事力使用、そしてアメリカの満州への発言権強化などを嫌っていたからだと臼井勝美氏は見ている。とくに臼井氏は、幣原のソ連に対する配慮とアメリカへの警戒を重視している。しかし、むしろ中国の実力回収の方が問題だったのではなかろうか。中国のこうした態度を是認すればそれは次にいつ日本に向かってくるかわからないからである（全体にわたり、臼井、研究、18—44）。

この中ソ戦争でのソ連の軍事的勝利がソ連の権益の保全・拡大の承認になったことは、軍事的勝利がそのまま既成事実化されうるということとソ連の満州への脅威がいっそう拡大したという二重の意味で関東軍軍人の危機意識をさらに高めたものと思われる。

そして、「連ソ容共」路線後の国民党の激しい反帝国主義運動の中にソ連の影を見ることはたやすいが、こうしたことと全体を通してワシントン会議の外にあったソ連がそれを破壊しようとしたことをワシントン会議の視点から批判することはできないであろう。ソ連も中国に対する一個の利権獲得国家であり、しかもこの時期最初に大規模に軍事力を行使した国家だということなのである。

この点、クリストファー・ソーンは次のように言っている。

中国が完全な主権を回復しようとしたのに対して、一九二九年にそれを激しく拒絶したのは、皮肉にもソ連であった。そして東支鉄道の管理をめぐって次第に大きくなってきた悶着は、ソヴィエトの軍事的勝利と原状回復によって解決を見た。満州におけるソヴィエト勢力を駆逐したのは、中国ではなく、日本であった。

（ソーン、53）

第一五章 「ワシントン会議の精神」と中国（関税・不平等条約問題）

（1）「ワシントン体制」という言葉

ここで、少し時代を遡ることになるが、中国の関税と不平等条約問題に関わる問題をまとめて記述しておきたい。やや時代横断的内容だからである。それはワシントン会議で結ばれた9カ国条約を中心とした「国際協調の精神」がどのようにして失われていったのかという問題の考察につながるであろう。この時代に「ワシントン会議の精神」という言葉を使ってその「精神」を説き、相手を批判する立場になっていたのは誰だったのかを知っておく必要もあるだろう。

まず「ワシントン体制」という言葉について触れておきたい。

ワシントン会議後の1922年に締結された中国に関する9カ国条約では、門戸開放と中国の主権と領土等の保全が明記されており、これを軸にしたアメリカ・イギリス・日本の国際協調体制を「ワシントン体制」と呼ぶこともあるのだが、既述のようにイギリスでは新しい体制ができたという意識が希薄だったという見方もあり（後藤、6）、今日この用語の適切性には疑問も出ている。

このうちイアン・ニッシュによるものは極めて適切であるので引用しておこう。

「システム」という言葉の使い方はしっくりこない。会議の準備は慌ただしく秘密裏になされ、参加国が「システム」といえるほどのものをつくろうと思うだけの十分な時間や、参加国にそう思わせるような中心的組織があったのであろうか。そのようなものが存在したとは思えないし、また会議の最中でも慎重にバランスをとった仕組みを造っているのだという認識は参加国にはなく、たいていの会議におけると同様、妥協や大勢順応が数多くあった。妥協はなかなか成立せず、会議の後半に漸くもち出されるという始末であった。その典型例は海軍根拠地建設禁止についての合意である。そこには個別問題を貫通するような基本計画があったようには見えず、参加国のいずれもが明確な計画を有していたようには思われない。各国全権団がワシントンに到着するまでは、会議がどのようなものになるのかほとんどわからず、明確な計画など立てようがなかったのである。

（イアン・ニッシュ、156）

このように会議のプロセスからして「体制」という言葉を使うのはおかしいという批判がまずある。そして、この用語を明確に定義したのは細谷千博氏だが、それは「日、米、英と中国の間には、支配・従属システム」が設定されようとしたというものであった（細谷、『ワシントン体制』4）。これでは日本は中国を隷属化して「うまい汁を吸い続ける」ことを約束した体制ということになっている。

重光葵

しかし、日本が権益を守ろうとしたことは事実だが、（後述のように）中国と協調関係を確立したいと考え尽力した重光葵らの存在が大きなものとしてあり、日本政府も重光を駐華公使としていたわけで、重光らの存在をこの「うまい汁を吸い続ける」「中国を隷属化し続ける」体制という定義では扱えないのである。すなわち、後藤春美氏の指摘するようにイギリスに新しい体制を作ったという気がなく、残りの日米のうちアメリカの中国寄りの姿勢に日本は困らせられ、日本には日本への隷属化など考えていない人たちが有力な外交担当者にいた「支配・従属システム」というのも奇妙であろう。

だから、結局、この概念を検討した小池聖一氏も「その（「ワシントン体制」の）存在自体を疑問とせざるを得ない」（小池、83）と結論づけたのだった。

〝ワシントン条約を作り上げた協調意識〟というものは確かにあったわけで、その意味で「ワシントン条約の精神」とか「ワシントン条約でできた協調関係」というものがあったということは確実にいえるであろう。だから本来ならば「体制」という強いイメージを持つ言葉ではなく、「ワシントン条約的協調関係」などというのなら適切であろう。

だから「ワシントン体制」という言葉が細谷氏の定義を越えて「ワシントン条約的協調関係」という程度の意味で使われるのならば、この用語もあながち不正確ともいえないであろう。また、「ワシントン条約体制」ならば、「ワシントン条約で規定された国際関係」程度の意味で理解されるのでこれもよいかもしれない。そのほか9カ国条約やワシントン条約という言い方も考えられる。

ともあれ明確な定義なしにこの言葉を使用することは避けた方がよいだろう。本稿で筆者がこの用語を使用しない理由は以上のようなものである。

さて、このワシントン会議で決められた諸条約に、日本政府が極めて協調的であったことは間違いなく認められるであろう。山東半島を返還し、中国から撤兵し、さらにシベリアからの撤兵も行ったのである。

しかし、既述のように１９２４年の排日移民法の成立は「ワシントン会議の偉業は水泡に帰した」とヒューズ・アメリカ国務長官に言わしめたように、長期的には日本国民に心理的トラウマを植え付け日米関係を悪化させるもととなったのであった。

また、１９２２年から１９２７年にかけて三度にわたって行われた満鉄等からの借款要請に、この頃アメリカ国務省は冷淡になっており、修正するか拒絶している。中国との関係を日本との関係より優先しようとしていたからと見られている。アメリカはいつでも中国の鉄道に手を出そうとしていたわけではないし、条約成立後早い時期から日本に冷淡であったともいえよう。

１９２３年に起きた臨城事件（１０００人以上の軍事集団の列車襲撃による民間人数百人拉致事件。アメリカ人など二十数人の外国人が人質となった）に際しては、列国は共同警備案を提議、中には９カ国条約の廃棄論などの議論もあり、彼らにワシントン会議の精神を尊重する気があるのかどうか日本側は困惑したのだった。

こうしてちょっと見てみただけでも、不平等条約の性急な廃棄を求める中国と、満州等近接した地域の権益を防衛しようとする日本と、門戸開放等を主張しつついざとなると自国利益を優先するアメリカ・イギリス等との間で「ワシントン条約的協調関係」は極めて維持が難しいものだったのである。

(2) 北京関税特別会議

既述のように、1922年2月6日、ワシントン会議で決められた9カ国条約第二条で、3カ月以内に関税特別会議を開催し、釐金《りきん》(地方政府の課す交通税)を廃止し、5%の関税に対し普通輸入品2・5%、奢侈輸入品5%の付加税を設定することが決定されていた。

これが、フランスの都合で遅れていたのだが3年半後にようやく開かれることになり、1925年10月から1926年7月にかけて北京関税特別会議として開催された。付加税実施の時期と方法を検討することが目的であった。財政が逼迫し外債整理の必要もあった段祺瑞の北京政府は、主な財源は関税収入であったから、早急な財政立て直しのため関税の引き上げを求めていたのである。

この時、段祺瑞政権は、第二次奉直戦争に勝利した張作霖と馮玉祥とによって支えられており、寺内内閣以来の支援の流れから日本外務省の芳沢謙吉公使らからも支持されていた。そして、段は、張作霖、馮玉祥、国民党の提携による軍閥を廃止した国内統一という新たな構想を考えていたうえに、王正廷・黄郛《こうふ》らも政権内にいたので、重光葵のように中国のナショナリズムをワシントン条約下の国際協調の方向になじませようと考えた外交官たちにも支持されていたのであった（酒井、56—57）。その意味では非常に好ましい体制で日中は北京関税特別会議を迎えたのである。

芳沢謙吉

幣原外相は、日置益駐華公使を全権とし、側近の佐分利貞男通商局長を首席随員事務総長とした。幣原らは、付加税の実施方法について、英米は高級品、日本は廉価品という実情のなか、すべての品目に一律の付加税を課すことに反対で、日本に有利な関税率を設定する方策を考えていた。

中国の関税自主権承認に対して日本の輸出産業が反対しており、新聞もほとんど時期尚早論で東京日日新聞だけが賛成という国内情勢をふまえると、外相としては当然の態度でもあった（馬場、379）。

そこで、佐分利は中国の関税自主権回復の要求に同意するが、実施には段階を踏み、関税率引き上げには差等税率導入を求めることとし、事前交渉で黄郛と調整を行い内諾を得ていた。

会議が始まると、日置は冒頭で中国の関税自主権回復を原則的に承認する演説を行い、他の参加国を驚かせた。そして、結局、他国も日本に同調し、11月19日、1929年1月から の釐金の廃止を条件に中国の関税自主権回復を原則的に承認する決議が採択された。

元来、関税自主権回復問題に消極的であった幣原の態度に対して、日本全権団を実質的に領導していたのは佐分利貞男通商局長と補佐の重光とであったが、とくに重光が熱心に佐分利に、会議冒頭で自主権承認の立場を明瞭に表すことを口説き成功したので、この大胆な声明に至ったのであった。

重光はさらに、北支駐屯軍の撤退・在支陸軍諸機関の改変による日中提携強化すら主張した。しかし、木村アジア局長はこれに対し、「眼中王正廷、黄郛一派あるのみにして、王、黄即支那なるが如く考え居れりと評する者ある」「王正廷、黄郛を初め国民党一派並に青年学生等の提唱する新運動は遠き将来を考うれば結局支那全体を支配するに至るものならんも、右は直ちに実現すべきものに非ず」「軍閥等合従連衡の現状に対して深甚の注意を払う要ある」と説いて抑制をかけた（『日本外交文書　大正十五年第二期上巻』二六文書、30―31。酒井、69）。

会議は関税自主権回復までの暫定税率の問題へと移ったが、税率と増税分の使途をめぐって紛糾する。１９２６年２月に佐分利が提案した差等税率の導入は、英米中三国の同意をほぼ取りつけたが、中国は２・５％付加税の即時実施を求める提案を出してきた。増収分の使途に制限を付すべきと考えていた日英は受け入れるわけにはいかず、付加税での増収分の地方分配と債務償還のための積立へ用いるという妥協案が出された。しかし、２・５％付加税実施が日本側提案の差等税率の障害となることをおそれた幣原は妥協案を拒否する（宮田、３８１―３８７）。

こうして紛糾と休会を繰り返すうちにクーデターで段政権は倒れ、北京は無政府状態となり、具体的成果を得ぬままに会議は長期休会となった。

このような結果になった背景にはもちろん、中国がワシントンでの会議で想定されていたような関税の範囲を越えた要求を出したことが大きい。しかし、日本が会議の冒頭に斬新な政策を打ち出しながらこういう結果に終わったことについては、幣原の経済的利益への固執ということがいわれることが多い。とはいえ、根本は経済界・新聞世論等を踏まえざるをえない外相・外務省本省と、中国ナショナリズムを理解しそこに日本のアジア外交の未来を託そうとした重光ら当時の北京外交団との二重性のなかに、この会議の日本外交があった点に見るべきであろう（酒井、70、参照）。

逆にいえば、日本が重光らの方向にこの時期舵を切っていれば、その後の事態は大きく変わったであろう。しかしそれは成されず、その後の事態は本省の見通しの誤りを証明することばかりになっていく。「遠き将来を考うれば結局支那全体を支配するに至るものならんも、右は直ちに実現すべきものに非ず」と言っていた事態が「直ちに実現」し始め、日本はそれに追われるのである。

（3）広東政府の関税決定問題

1926年9月18日、広東政府（孫文から蔣介石へと続く南方の政府）はそれまで猛反発していた経緯を無視し、ワシントン条約を顧慮することなく条件交渉もなしに一方的に2・5％の付加関税を決定したとして、イギリス広東総領事ブレナンに通知した。この問題を検討するための北京関税会議が形式的にせよ終わっていない状態での行為ということになり、それは「ワシントン会議できまった国際協力政策を、明らかに公然と無視するものであった」（ウォルドロン、127－129）。

中国によるボイコット運動に手を焼いていたイギリスはこれに応じ黙認することにした。日本はこれを、ワシントン条約の精神に背反する行動として警戒し、条約違反として抗議文を作成、アメリカ等列国の賛同を得て、11月14日に広東外交部に送られた。抗議に同意した北京公使マクリーと反対したオースティン・チェンバレン外相のイギリス外務省とが対立し、マクリーはランプソンに替えられる（西田、(2)、105−106。古瀬、24−27）。

(4) ベルギーへの条約廃棄通告問題

同じ1926年秋、中国はベルギー政府との間に交わしていた条約をその文章に違反して廃棄通告した。ベルギー政府の交渉申し込みを無視した通告であり、これに対してベルギー政府はハーグの常設国際司法裁判所に訴え、中国の「条約廃棄」が法的に認められるものであるかどうかを裁判で決着しようとしたが、中国はこれに応じなかった。

これは新しい先例となったものであった。ベルギー政府は条約上の立場の防衛を断念、中国から条約締結国と同様の権利を与えられるという保障の確保のため、天津租界返還という他国無視の行動に出る。

これに対しケロッグ・アメリカ国務長官は肯定的であったが、1927年4月から国務次官補となるキャッスル（後に駐日大使）は批判的であった。この経緯についてのブリュッセルのアメリカ公使館からの報告に対して、マクマリー中国公使（大使を置いていなかったので最高位）は「ワシントン会議の閉会後五年も経過しないうちに、極東における国際協調の理想が、もろくも崩れてしまった挫折の度合いを表わしている」としている（ウォルドロン、144―150。服部、168）。

（5）12月メモランダム

1926年12月、イギリスのボールドウィン内閣は突然一方的に既存の条約は「多くの面で時代遅れ」であり現状に合わせる必要があるとし、中国に関税自主権を認め、付加税を即時無条件承認するなどの12月メモランダムを発表した。

松井慶四郎駐英大使にウェルスレー外務次官補は「チェンバレーン外相は急にこれを決定したるため、あらかじめお話しする暇《いとま》がなかったと弁疏《べんそ》し」たが、ティリー駐日大使からこれを受け取った出淵勝次外務次官は「突如発表の一事に至りては甚だ了解し兼ぬる」「英国は華府（ワシントン）条約の精神を無視し、又日本と協調を欲せざるものと認むる他なし」「事態甚だ遺憾に堪えず」と述べたのだった。

幣原外相はティリー駐日大使に対し、佐分利公使と陳友仁国民政府外交部長の会談を根拠にこれを批判し、南北代表を参加させた新たな関税会議開催を提案したが、その時幣原は元イギリス外相グレーの"*25 years*"（紳士外交を説いた、幣原の愛読書）を片手にして注意を喚起している（高橋勝浩編『出淵日記』（二）529。服部『幣原喜重郎』、105―106。後藤、97）。

この決定についてイギリス外務省のマウンジー極東部長は、（ワシントン条約という）「有害無益な絆を断ち切り、中国における我々の新政策を宣言しようと我々が決意した」と言っている（後藤、163）。「イギリスは12月メモランダムによって、中国問題に関してはワシントン会議の精神から離れる意図を持っていたということがうかがえる」、それは「ワシントン会議の枠組からの離脱を明確に意識した上で実行されたこと」なのである（後藤、173。西田、(2)、107）。

幣原はアメリカとの協調に頼るしかなかったが、翌1927年1月27日、アメリカのケロッグ国務長官は声明を発表し、関税自主権と治外法権の撤廃を示唆した。これも日本に何の協議もないままであった。

(6) 米中関税協定

やや後になるが、1928年7月、アメリカは日本との事前協議なしに中国との間に新しい条約、米中関税協定（関税自主権の承認と国民政府の実質的承認）を締結する。が、マクマリーも言うように、それは欧米のような奢侈品でなく廉価品が多いという点で輸出品の質の異なる日本にとっては極めて不利となる内容であり、日本には寝耳に水であるとともに重大な脅威となるものであった。

実際マクマリーは交渉を急いでまとめようとするケロッグに反対するなどしており、またイギリスもこれは列強の協調を乱す行為と見たようで日中間の対立の先鋭化を阻止しようとすることになる。「アメリカは単独行動に踏み切り、列強から距離を取ったわけである」（宮田、408、408－418）。

(7) 日清条約（通商航海条約）廃棄通告とアメリカ

さらに、日本にとって決定的であったのは1928年7月19日、国民政府外交部長王正廷の日清条約（通商航海条約、1896年及び同追加条約1903年）の突然の廃棄通告であった。もともとこの条約は約定関税率と通商条項に関する10年ごとの見直し規定を定めていたが、10年目の改定時期の1926年秋に中国は条約の改正を要求し半年以内にまとまらないと失効するとしてきたので、「日本は忍耐と節度をもって、当初は北京グループと、その後は上海・南京の国民党と、一年以上にもわたって交渉を継続した」のであった。

そこへ出てきた廃棄通告であった。

日本はベルギーの前例があるのでワシントン会議諸国にアピールせず、まずアメリカの態度を打診することにして、パリのケロッグ・ブリアン条約調印式に出席した内田康哉枢密顧問官をして9月29日にワシントンの国務省を訪問させた。内田は9月8・17・18日とイギリスのカッシェンダン代理外相と会談し日英協調を訴えたが、協調の困難さを指摘された直後のアメリカ行であった（後藤、164）。

3カ月後には出淵駐米大使もほぼ同様のことをアメリカ政府に問うているが、日本の主

内田康哉

張は以下のようなものであった。

協調政策とは、全関係国の協調を不可能にしているような中国の条約違反をやめさせ、規則に従って行動するよう各国が一致して中国に当たることを想定しているのか。日本は地理的必然性から他国と異なる特別な関係を中国との間にもっており、大きく依存している。ワシントン会議で日本はその立場がアメリカの政策と一致することを学び、以後、国際協調政策に全幅の信頼をおき、様々な主張を放棄し、面子も捨ててきた。ワシントン条約を全面的に支持するアメリカの考え方に忠実に良心的に従って行動してきたのである。

しかるに中国は、約束した国際協力を無視し、条約締結国中でも日本に対して敵意と無責任の政策をとり続けてきた。もし、中国が自己の利益のために、約束された国際協力を拒否したり協力しようとする諸国との良好な関係の樹立を排斥しようとするのなら、各国は団結してもっと冷静な時代に中国が喜んで承認していた諸目的を達成するようにさせなければならない。

日本政府はアメリカ政府が中国問題に関する国際協力理念の保証人だと認識している。中国をこの国際協力の枠組みに引き戻すよう決定的な影響力を、アメリカが放棄するのかどうかを日本は知りたいと願っている。

この「願い」に対してアメリカ政府はほとんど回答らしい回答をせず、実質的に日本の主張を「否定した」のだった。

日本は英米がそれぞれ単独で関税条約を結んだ後しばらくおいて、1930年に関税条約を中国と結ぶことになるが、それはワシントン条約を守ろうとしたことから起きたことなのだがそうは見られない、不平等の解消に不熱心な国と見られる役回りとなった。

(8) マクマリーの見解

1925年にアメリカの中国公使として赴任し29年に辞職したジョン・マクマリーは、1935年にワシントン条約とアメリカ・中国・日本の関係について次のように書いている。

条約の遵守という基本問題で、中国が横車を押したのに対し、アメリカ政府は日本にきびしく、中国に好意的な立場を取ったのが、日本にとっては重大だった。

(ウォルドロン、169)

日本政府は一九三一年九月の満州侵攻開始までのほぼ十年間、ワシントン会議の協約文書ならびにその精神を守ることに極めて忠実であった。そのことは、中国に駐在していた当時の各国外交団全員がひとしく認めていた。（中略）当時、中国問題に最も深くかかわっていた人々は、日本政府は申し分なく誠実に約束を守っていると考えた。

ワシントン会議で樹立された政策が成功するか失敗するかは、実際には中国自身と、英国および米国の手に握られていたといっていいだろう。

（ウォルドロン、104―105）

（日本の満州事変以降の行為を支持できないと指摘してから）しかし、日本をそのような行動に駆り立てた動機をよく理解するならば、その大部分は、中国の国民党政府が仕掛けた結果であり、事実上中国が『自ら求めた』災いだと、我々は解釈しなければならない。彼らの祖父たちが犯したと同じ間違いを、しかもその誤りを正す絶好の機会があったのに、再びこれを繰り返すことのないよう、我々外交官は中国の友人に助言したものであった。

そして中国に好意をもつ外交官達は、中国が、外国に対する敵対と裏切りをつづけるなら、遅かれ早かれ一、二の国が我慢し切れなくなって手痛いしっぺ返しをしてくるだろうと説き聞かせていた。中国に忠告する人は、確かに日本を名指ししたわけではない。しかしそうはいってもみな内心では思っていた中国のそうしたふるまいによって、少なくとも相対的に最も被害と脅威をうけるのは、日本の利益であり、最も爆発しやすいのが日本人の気性であった。しかしこのような友好的な要請や警告に、中国はほとんど反応を示さなかった。返ってくる反応は、列強の帝国主義的圧迫からの解放をかちとらなければならないという答えだけだった。（中略）

このような態度に対する報いは、それを予言してきた人々の想像より、ずっと早く、また劇的な形でやってきた。（中略）協調政策は親しい友人たちに裏切られた。中国人に軽蔑してはねつけられ、イギリス人と我々アメリカ人に無視された。それは結局、東アジアでの正当な地位を守るには自らの武力に頼るしかないと考えるに至った日本によって、非難と軽蔑の対象となってしまったのである。（ウォルドロン、180—182）

マクマリーのこの主張には、張作霖爆殺事件等の日本側の行動とそれに対する中国側の反発を軽視した一面的な見方を示しているところがあり、また、マクマリーはベルギーの問題などでケロッグ国務長官と対立しているため、その意見はアメリカ国務省への批判的な色彩が強い面もあるが、それでも、ここには、ワシントン条約体制崩壊の原因を考えるにあたって示唆的な視点が提示されているといえよう。

日本外務省の中でも最も中国寄りであった重光が満州事変前に、「華府条約決議の規定は、列国の誠意ある態度にも拘わらず、支那側により全然其の趣旨を没却せられたる次第なり。今日支那が右条約を尊重するの誠意と能力なき状態に於て、9ヶ国条約華府会議の決定の支那に対して有益なる意義は、根本的に改変せられたりと云わざる可からず」（酒井、79―80）といっているのは、このようなことを意味しているのであろう。

（9）マクマリー的視点への評価

駐日アメリカ大使館一等書記官であったユージン・ドゥーマンは、「アメリカの誤った慈善行為のために、中国人は諸外国の権益を踏みにじるようになり、九カ国条約を遵守してきた幣原や若槻が立場を弱め、軍国主義者に取って代わられた」「ヒューズ国務長官によるリーダーシップが失われた後には、アメリカは東アジア政策を体系的に研究しなかった」としている（服部『幣原喜重郎』、106。ヒューズが国務長官を務めたのは1921～25年）。

また、太平洋問題調査会事務局長で国務省にも近かったエドワード・C・カーターは、1

934年に訪中した際、1929年の中国に比較して「際だった進歩があった」としている。「進歩」とは「問題の解決には批判的な自己分析が必要だと、中国指導者がようやく考えを改め、革命外交的な姿勢から転換したこと」を指していた。満州事変前の「中国指導者」に「批判的な自己分析」が欠けていたという認識は広く共有されていたようなのである（高光、176）。

駐華英国公使のランプソンも1929年1月7日の日記に「まったく中国人は意図的に災難を求めている。そして今回は起こらないかもしれないが、もし私が兆候を正しく読んでいるとするならば、彼らは近い将来に自分たちに不愉快な衝撃を準備しているのである」（後藤、193）と記していた。

こうした欧米側の視点に対して、より中国サイドから問題を整理した横山宏章氏は次のように表現している。中国はワシントン会議などの集団交渉では不平等条約を廃棄する際立場が弱かった。そこで個別間で交渉する2国間交渉に切り替え、まずアメリカとの間で1928年に交渉を成功させ関税自主権を回復した。その後次々に交渉を成功させ、関税自主権を回復し、それによって産業が発展し、ナショナリズムが強化されていった。「それがワシントン体制を外部から崩しはじめ、同時に中国の台頭に危機意識を抱いた日本（中略）の暴走がワシントン体制を内部から崩すことになった」のだ、と（横山『素顔の孫文』、160）。

これはマルチラテラルな協調を旨としたワシントン会議の方向性を中国が破ったという指摘をしていることにもなり、それを「外部から」といえるかはともかく、中国の立場からの理解として説得的といえよう。

(10) アメリカの親中国的傾向

また、マクマリーの見解で傾聴に値するのは、自らの経験から結局アメリカ人は「(中国)国民党びいき」であったと断言していることである。マクマリーはその原因を、中国大陸でのキリスト教布教の成功・中国の対米宣伝の巧みさ・不平等条約への一般のアメリカ人の同情などに見ている。マクマリーはその例として、第二次南京事件で、蔣介石の軍隊がアメリカ人宣教師に暴行を加えて、アメリカ人の支持が動揺した後、蔣介石がキリスト教に改宗すると発表したことを挙げている。

蔣介石がキリスト教に改宗したのは第二次南京事件後半年ほど経ってからなのでこの点などに微妙なところもあるが、これらは鋭い指摘といえよう。

クリストファー・ソーンも、アメリカ人が中国人との関係を後見人・被後見人の関係として見るようになったのは、1830年頃から始まり1890年から1920年にかけての中国でのアメリカ人宣教師の努力によるとしている。1920年に中国にいたアメリカ人宣教師は3000人を超え、病院・学校への投資額は1200万ドルに達したという。ソーンは、その背景にはキリスト教の慈善と競争的な商業倫理というアメリカ社会に深く浸みこんだ潜在的には相反する二つの価値がその中に両立しているように思われたからだと指摘している（ソーン、上、37—38）。

一方、佐藤公彦氏は、1888年にYMCAの賛助の下にできた「海外布教のための学生志願運動」（Student Volunteer Movement for Foreign Mission SVM）が、1919年までに2524人のアメリカ人学生を中国に送り込み、そこからアメリカの中国学（シノロジー）が生まれたことを記述している。「中国は北米の学生にとって大変アピールする宣教地だった」。同種の福音主義は、イギリスのケンブリッジ大学の学生にも大きな影響を与え、映画『炎のランナー』で知られる「ケンブリッジ・セブン」も生み出しているが、このキリスト教を通じた結びつきを極めて重視すべきだというのである（佐藤公、271—285）。

これらは概《おおむ》ね当たっているように思われるが、この視点の可否の突っ込んだ検討は米中関係史という別の問題となろう。ここで重要なことは、米中間の親密な関係がワシントン条約の遵守に関してはマイナスになった可能性が高いということである。

(11) ワシントン条約と中英米日

ともあれ、ワシントン条約的協調関係を最終的に崩壊させたのは満州事変に始まる日本の軍事行動であることは間違いのないところであり、これが忘れられるとアンバランスな議論となるが、それまでの中国・イギリス・アメリカの態度にも大きな問題があったのである。中国のことは再三記した。ただ、中国は不平等条約を強制されていたわけだから、その中国が破りにくることが運命付けられていたのがワシントン条約というものであったと、いうべきなのかもしれない。

イギリスも日本から「華府会議の精神にもとる」と批判されても致し方ない行動を先にしたのであった。同じように中国の排外運動の標的になったイギリスがこの時単独行動をとったのは、中国からの再度の排外運動の対象となることを避けたかったからと見られるが、いずれにせよ12月メモランダムでワシントン条約的協調関係を日英間で最初に壊したのはイギリスであった(ただしその後のイギリスが一筋縄でないことは後述する。なおイギリスは海関《かいかん》という関税徴収機関を軸に主ら主導する協調体制を作ろうとしていたと古瀬(I)、(II)は説いている。しかし、米日から拒否されるイギリス主導の「協調体制」とは何かという疑問は少なくとも残るだろう)。

そして、アメリカは排日移民法でいきなりワシントン条約下の日本を痛撃し、単独で関税条約を取り決めるなど絶えず日本より親中国的であったが、マクマリーは、そこには「日本に対抗させるために中国に賭けるというのが、アメリカの公式政策であった」（ウォルドロン、156）という背景を見ている。このことが全体として的確かという判定は難しいところがあるが、日本にこの点の冷静な認識が欠けていたところがあったということはいえよう。

問題は日本が米英との関係を悪くすると日本の孤立化を目指す中国が活動しやすくなる余地が拡大する、ということであり、日本もそのことに気づかぬわけではなかった。ロンドン条約を決裂させなかった背景として「日本と英米との国交が円満なる限り、支那は遠交近攻又は以夷制夷の策を弄するの余地がないけれども、日本と英米とが離反して相対峙するならば、支那は之に乗じて何事に付ても日本に強く反抗するの態度を執《と》るに至る」という判断が日本政府にあったという資料があるが、これはそのことを示している（臼井『筑波法制』、54、酒井、77）。

そして、実際、1931年5月4日に法権問題についての中英交渉が頓挫して国民政府が翌年からの治外法権撤廃を交付した時には、日英米間の共通性意識は高まった（臼井『筑波法制』、57）。そして、日本が我慢しきれず暴発した満州事変後も、中国が治外法権廃棄を延期したにもかかわらず、イギリスは治外法権侵害に備えた共同行動を日本に要請してきている（酒井、82－83）。しかし、それらはいずれも遅きに失し、満州事変から国連脱退というプロセスが続くのである。しかし、もし日本が満州事変を起こしていなかったら、アメリカはともかく日英の提携があったかもしれないというイフは残るであろう。

第一六章　済南事件解決交渉に見る日中関係調整の困難性

次に、済南事件以降満州事変に至る日中関係を最後に考察していきたい。

まず、済南事件以降の中国をめぐる条約的関係を簡潔に年表ふうにまとめておこう。

１９２８年11月３日アメリカが、12月10日イギリスが、１９２９年６月３日日本が国民政府を承認する（日本が遅くなったのは一つには南京・漢口・済南事件の解決に時間がかかったからである）。

関税に関しては、１９２８年７月、米中関税条約が締結され、12月英中関税条約が調印される。１９２８年９月23日、日中交渉も開始されたが西原借款償還が障害となった。

そうした頃の10月19日、ようやく開始されたのが済南事件解決交渉であった。なかなか進まなかったなか、１９２９年２月、重光葵が上海総領事に着任する。重光は、すでに北京関税の箇所で記したように、当時の外務省きっての中国国民党通であった。そして「不平等条約改訂をめぐる英米の中国に対する単独行動が、中国に対し最も利害関係を持つ日本を窮地に陥れることを自覚していた」人物であった（酒井、75）。

これまで個別案件についてそれほど細かく見ることをしなかったが、当時の日中間のどこにどのような問題があったかを知るには極めて適切な事例であるうえに、日本と中国との関係の「明確な政策転換は、田中内閣の末期、済南事件の解決によりもたらされた」（小池、82）とされる重要な出来事なので、この交渉をいささか詳しく見ていくことにしよう。

済南事件後、済南及び青島・済南間連絡路線を日本軍が占領し、芳沢謙吉公使は北京から帰朝したままであった。中国国内では排日が激しく貿易ができず、取引の多かった大阪経済界などは困り抜いていた。

従って、こうした局面を打開したい田中首相は芳沢公使を上海に派遣する時、「国交回復が目的」であり「条件についてはあまりやかましく考えていない」と明言したのだった。

芳沢公使の王正廷外交部長との上海での交渉の結果、1929年2月5日、協定原案が成立し仮調印にこぎつけた。ところがこれに対し、東京政府から異論が出た。双方責任は半々なので賠償は特別委で調査し双方から支払うとなっていたのだが、中国側が多額の賠償請求をする可能性がある、賠償を取る意志はないが取られたくもないというのである。

この内容はもう2月6日、国民政府中央政治会議承認済みであった。王外交部長は困難な立場におかれ、「署名した重大交渉事項を今となって覆《くつがえ》す気か」と新聞に発表するに至った。帰省のため別府航路の汽船に乗っていた重光に本省から電報が届いたのはこの時点だった。別府にも電報は来ており、重光は目と鼻の先の故郷日出《ひじ》に帰らず本省復帰。困惑した有田八郎アジア局長・谷正之支那課長に会うと、本省側の満足のいく条件に変えて欲しいという注文であった。

重光が上海に着くと王正廷はしきりに日本の不誠実をなじっていて、険悪な雰囲気だったが、王は芳沢公使とは会わないと言いながら、上海を引き揚げもせず「対立二十日に及んで、にらみ合っているという状況」であった。

上村伸一領事の調査結果報告によると、王正廷は赤色軍閥といわれた馮玉祥派であり、北京関税特別会議の時、段祺瑞政府の外交部長であった。この頃馮玉祥が華北を支配していたが、この時、張家口の馮玉祥と南京の蔣介石とは対立していた。だから王正廷は日本と交渉しながら蔣介石から監視されているという状態だった。

また、国民党左派の胡漢民・戴天仇など元老クラスは極端な反日派で、過大要求をし賠償を多額に求め協定原案の絶対変更不可で押し通していた。だから王正廷は南京に引き揚げもできず、日本側の要求も容れられず、板挟みの困難な立場にあったのである。

蔣介石からすると、馮玉祥らの北方軍閥に対抗して中国を統一するには済南事件解決の要があった。その点では日本側と一致している。しかるに対立状態となっているのだった。

重光は旧知の国民政府のアジア司長周龍光をして王正廷に連絡せしめ、内密に交渉を進めた。「賠償をとる意向ない」ことを確認、双方陳謝なし、双方賠償要求せず、日本軍撤兵の期日を設定するがそれより早く実施することを確約し、3月初めには案文決定にまで持ち込んだ。

芳沢公使に連絡したが、東京にこのまま電報すると「必ず妨害が起こり、こわされてしまう」ので大臣だけが見る極秘電報を打ちイエスかノーの返事だけを聞くという方法をとることにした。

こうした理由として次のようなことがあった。2月18日、重光の上海出発前に外務省首脳部会議が開かれ、吉田茂次官、森恪政務次官、植原悦二郎参与官、有田八郎アジア局長が参列、重光も参加した。

外相は田中首相兼任のため実質外相の趣の森次官はこの時「円満にとりまとめようとすることがそもそもの誤りだ」「上海ぐらいは灰にする気持ちでなければならん」「こういう交渉は打ちこわさねばならん」などと言ったのである。

「私が正式に外務大臣たる田中首相から聞いている趣旨とは正反対」(重光)の発言だった。

だから問題は「外交よりも内政問題」だったのである。

田中首相はこの電報を「非常に喜び」、森を除いて手続きを進めてくれ、正式調印の手筈が整えられていった。森は4月に辞職する。

これで日本側はようやくまとまり「やれやれ」と思っていたら、今度は3月14日頃、胡漢民・戴天仇など国民政府の元老クラス反日派が陳謝・賠償棒引きに猛烈に反対し始めた。王正廷を困らせる含意からだった。困った王正廷は変更を申し入れてきた。

重光はこれを拒否するとともに、今度は宋子文財政部長（蔣介石夫人宋美齢の兄）を通じて解決案の公平さを南京政府内に的確にアピールしてもらった。こうしてようやく3月29日、南京で正式調印にこぎつけたのである。

ところが今度はまた日本側で障害が起きた。4月10日、枢密院で「此の問題たるや枢密院官制の侵犯なり」とする妨害策動がとられたのである（『済南事件解決報告会議筆記』昭和4年4月10日、国立公文書館、2－A、15－10、◯枢D－643、13頁）。枢密院を楯に権力を行使しようとする頑迷な守旧派の動きであった。

これに対しては、結局、田中首相が陳謝して何とか事なきを得て通過することになる。しかし、翌年のロンドン条約で彼らはまた協調外交を潰しにかかり、浜口雄幸首相がそれと戦ったことはよく知られていることだろう。逆にいうと、枢密院と戦ったのは浜口ばかりでは

浜口雄幸

ないのである。

その後重光を驚かせたのは王正廷から撤兵延期要請があったことだった。済南・山東省周辺には馮玉祥軍が駐屯しており、日本軍が引き揚げると馮玉祥軍が参入することになる。蔣介石軍はすぐに参入の準備ができず、王正廷は馮玉祥に近いと見られていたので困難な立場に立っていたのだった。日本軍はすべて必要な準備をしていたので非常な迷惑であったが、重光は延期を取り計らい、王正廷の立場も蔣介石の立場も立てて、5月20日、無事撤兵したのだった（重光『外交回想録』、84－102）。

強硬派が双方におり、交渉取りまとめの当事者がいかに困難な交渉を進めていたのかがよくうかがえよう。また、最後のエピソードに見られるように、もちつもたれつするような関係が両者にはあり、蔣介石も「雪恥」ばかりではなかったはずと推察されるのである。

また、重光はやや後になるが幣原に「党部及政府に何等実勢力なき王正廷を頭とする外交部に於ては、常に輿論の潮流に副い、最急進的政策に出づる状態にして、外交部如何にして巧妙に急進的なる対外政策の実現を期するかの技術的機関たるの現状にして、国家の全局より見て適当なる妥協政策を持して政府部内を纏《まと》むるの力なき模様なり」と報告しており、中国の外交担当者の苦衷と中国との外交の困難さをよく理解していたのだった（宮田、４８０）。

第一七章
日貨排斥運動の実態

さて、排日貨は長引くにつれ、一種の民族産業発展の手段ともなり、さらに日本の経済力を中国の経済的自立の障害と考えるところから日本からの輸入の保護関税と同じようなものになっていった。そして、1929年1月15日、上海の反日会が日本製品を没収して競売にかけることを決めて以来、上海では日本製品を扱うことはほとんどできなくなった。

1930年時点で、日本の輸出品の21・6%が中国向けであった。「当時の日本にとって対中貿易は死活的重要性を持っていた」(後藤、195)。それが、排日貨により、1925年31・6%であった日本からの輸入割合は1928年26・8%、1929年25・5%へと減っていった。この間中国全体の輸入は18%増加していたうえでのことであった。日本の輸出産業・貿易関係者は困ったが、打つ手は乏しかった。

すでに、1928年10月12日に『ノース・チャイナ・ヘラルド』はボイコットを「図々しい泥棒行為」とし、中国人も日本人が一方的に悪いとして他国を説得することはできないだろうとしていた。11月30日には「恥ずべきボイコット」という社説が掲載され「野放し状態の窃盗」と「純然たる公認の略奪」を批判している。それは、海外における中国の信頼を奪い犯罪一般を増加させているばかりか、一般の中国人が日本産の安価な日用品を使用することを遠ざけているというのである。

1929年4月9日、上海の総領事団の会合では、反日団体の乱暴な行為が批判され、17日、カニンガム（米）首席総領事はアウデンダイク（蘭）首席公使に国民政府に対し反日団体の乱暴な行為をやめさせるよう要請することを依頼したのだった。

8月23日の『ノース・チャイナ・デイリー・ニュース』は「国民党部は最近のボイコットで没収した日本品を昨日から売り出しています。売り出しは八月三〇日に終了します」という「驚くべき広告」を掲載したが、『上海イギリス商業会議所報』はこれを、文明国では他人の所有物を没収したり売却したりすることは許されないと批判している。事態の「最も深刻な点は、責任ある政府であるべき南京国民政府が盗品の売却を大目に見ていることであった」（後藤、204）。

従って、既述のように1929年春に済南事件交渉が落着したが、それでも排日貨停止にはならなかった。

しかし、7月初旬から、状況が変化しだした。7月18日、国民党は排日運動の即時停止を命じ、実際にやんだのである。日本の要求に、取締方法はないといい続けてきたのだが、実は国民党の指示で行われていたことが、この時わかったのだった。後のリットン報告書も国民党が運動全体の指令統制を行っていたと断定している。

停止の最大の理由が、7月10日に始まったソ連との紛争であったことは間違いないと見られている。10月から11月まで戦闘は続き、12月のハバロフスク議定書で中国の敗北で決着がつくが、ここからも既述のように中国は二国相手の紛争は避けるのが常套手段と見られたわけである（これで1931年6月まで上海では大規模な排日貨は行われていない）。

一方で中国は、1929年4月27日に米英仏6カ国に早期の治外法権の撤廃を求める覚書を提出しているが、日中通商条約無効とする立場から日本にだけは提出せず、日本の露骨な排除を行っている。これは7月に浜口内閣の外相となった幣原の立場を悪くするものであった（宮田、477、536）。

こうしたなか、1929年9月、駐華公使の芳沢謙吉の後に、重光の説得によって駐ソ大使を断った佐分利貞男が就任した。そして重光をはじめ堀内干城ら北京関税会議の日本側メンバーが北京の日本公使館に結集することになり、佐分利は中国視察後重光の言に従い徹底的な譲歩策で中国の満蒙権益回収策にあたることを決めて東京に戻った。英米が日本をはずして個別に中国と条約改正交渉をしているなか、重光は英米以上の大胆な親中国政策をとるつもりで佐分利を説き成功したのである。

佐分利の滞在が長引くなか、重光のもとに届いたのは、箱根のホテルでピストルを持った佐分利の死体が見つかったという電報であった。この怪死事件は未解決で他殺説もあるが、重光は自殺と見ており、おそらくそうであろう。というのも佐分利は帰朝して幣原に中国問題を説いたが、ロンドン軍縮会議準備に多忙であった幣原は十分とりあわなかった模様だからである。

佐分利は中国側から「よき理解者」と見られており、日中関係の改善が大いに期待されていたからこれは大変な損失であった（重光『外交回想録』、107─111）。

小幡酉吉《ゆうきち》が後任となるはずであったが、中国はアグレマン（就任合意）を拒否した。21カ条要求の時の駐華公使館一等書記官であったことが理由であった。しかし、1918年から23年まで小幡は駐華公使をしているのだから、当時の外交常識からすると無理な注文であった。小幡の公使時代の言動に問題があったとしても、さらに中国は公使館の大使館格上げまでも条件としてきているから日本側には挑戦的な内容であった。

結局29年11月から堀内謙介が臨時代理公使となり、30年1月から重光がその後を継いだ。

幣原外相は翌年4月の枢密院の会議でもアグレマン問題について「近く誤解がとけると思う」と語っている（大阪朝日、1930・4・13）が、31年6月に重光が公使となる。

重光は佐分利死後、排日空気は「一層ひどいもの」になり、それに応じて日本でも「対華強硬論が頭をもたげてきた」と言っている（重光『外交回想録』、113）。

以後、満州では商租権などをめぐる従来の排日運動に加え、大連港の営業の妨害を目的とした葫蘆島の築港が始まり、そこからの鉄道建設など最終的には満鉄の回収を目指す併行線設定は明白なものとなっていった。満鉄の収入は1929年以降年々半減していった（後藤、218）。

この時期の排日ボイコット運動については、満州事変後国際連盟から派遣されて現地調査をしたリットン調査団の報告書でも、合法的だとする中国の主張は認められないという激しいものであった（北岡・歩、189）。その詳細は、重光の作成したレポート『満州事変と重光駐華公使報告書――外務省記録「支那ノ対外政策関係雑纂〈革命外交〉」に寄せて』（服部龍二編、日本図書センター、2002）や満州青年連盟のレポート（満洲青年聯盟、430、558−615）に詳しい（後者には、1929年7月の大石橋《だいせききょう》の滑石山鉱区への集団襲撃事件や8月の四平街《しへいがい》守備隊兵射殺銃器弾薬略奪事件などをはじめ多くの事例が挙げられている）。

満州事変勃発後の11月2日、芳沢日本代表は、国連において中国が条約の権利義務を尊重

関東軍司令官本庄繁と会見するリットン調査団。1932年4月22日

するということを言明したことを幣原に報じ、列国が日本に同情的態度をとる気配あり、これをてこにした局面打開を説いている。前述の法権問題が列国を苦しめていたからである。これに対し幣原の提起したのが、排日ボイコット等を調査する調査団の派遣であり、これは連盟理事会の満場一致で12月10日に決められるが、その構成は日本の要望通りの英米仏等であり、調査範囲も満州だけでなく中国の排外運動等が含まれたのであった。中国の排日運動の問題性に関しては日本にも自信があったのだといえよう（酒井、81―2。臼井『満州事変』、124―135）。

第一八章
長沙暴動

1930年4月に、山西の閻錫山《えんしゃくざん》が馮玉祥《ふうぎょくしょう》らとともに起こした対蒋介石戦争は、閻錫山軍が済南を攻略して、国民政府軍と激突、馮玉祥軍も河南・安徽両省で国民政府軍と激戦を繰り返し中華民国成立以来最大の内戦となった。

前年から馮玉祥、李宗仁《りそうじん》らが起こした反蒋介石戦争に閻錫山が中心的に加わり巨大な勢力となったのである。汪精衛、陳公博《ちんこうはく》らもこの陣営に加担していた。国民政府軍45万に対し反蒋軍は50万といわれる。また数では反蒋軍が優っていたが、連絡が悪く、装備・訓練では国民政府軍が優っていたともいわれる。

これを好機と考えた中国共産党の指導者李立三《りりっさん》は、都市を中心とした武装暴動とゼネストによって権力を奪取しようとして、約7万の共産党の軍隊の動員を計画した。

湖南省政府主席の何鍵《かけん》の軍隊の一部が前線に向かい湖南の要衝長沙の防備が手薄になったところで、朱徳・毛沢東軍は南昌・九江・武漢方面へ、彭徳懐《ほうとくかい》軍が長沙・武漢へと進撃を始め、7月末、彭徳懐軍は長沙に迫った。7月26日、何鍵は秘書の楊宣誠を日本の坂根準三漢口総領事に遣わし、共産軍が長沙を占領した場合は、長沙に碇泊している外国軍艦が発砲して共産軍を攻撃するよう要請した。その際、この措置が外交問題をひき起こさないことを保証した。坂根総領事は、危害が加えられないかぎり積極的に発砲することはないであろうと回答した。長沙には日本軍艦二見が碇泊していたが、熱海、小鷹の二艦も急派され、29日に到着した。

彭徳懐軍は何鍵軍の長沙防衛線を突破、27日から市街戦が開始された。長沙在留の115名の日本人の大部分は漢口に引き揚げたが、彭徳懐軍は27日夜から市内に進入を始め、29日正午までには約1万が入城。長沙市内各所に火災が起こり、掠奪が行われ市中は混乱した。

坂根総領事の幣原外相宛の漢口28日発電報には、「共産軍数千人入城」「市内は無警察状態に陥り」「『ソビエト』政府成立?」「銀行交通機関を没収す等の標語を貼付」とあり、29日着電には「友邦露国との提携」「軍閥の打倒不平等条約の取消し」「租界回収等の布告を出し」「物価の極端なる引下げを強行すると共に」「主なる官署其の他の焼払いを断行し数個所より黒煙濛々として天に冲する様物凄く民家は赤旗を掲げ」「何健の住宅は真先きに貧民をして掠奪を行わしめたりと言う」とある（「長沙ニ於ケル共産匪暴動事件／邦人保護及被害関係〔損害賠償問題ヲ含ム〕付帝国軍艦冬営問題第一巻、外務省外交史料館、外務省記録A門、政治、外交、6類諸外国内政、1項、支那国、5日内乱、暴動、1～3頁）。

翌日にかけて、省政府、国民党の建物、イギリス・アメリカ系の教会などが焼き払われ、日本領事館、館員宿舎、一般の日本商店も焼打ちにあった。

31日にはアメリカ軍艦パロスが共産軍の射撃を受けて反撃を開始、イタリア軍艦カラッツ、日本の軍艦二見・小鷹も共産軍と交戦した。パロスに重軽傷者11名が出た。

8月1日、東京駐在の汪栄宝中国公使は幣原喜重郎外相を訪れ、長沙の日本領事館に対する焼打ちを遺憾とし、責任は国民政府がとると言明した。汪は、形勢の観望を幣原に要請したので、幣原は、共産軍鎮圧の手段を聞いたが、回答がなかった。そこで、幣原外相は、二千余名の日本人が居留している漢口が共産軍の脅威を受けているので、同地に軍艦を派遣することへの国民政府の諒解を求めた。汪公使は、日本の軍艦派遣は結局、政府軍の手薄を補充し地方の公安維持に貢献することになるので、反対する理由はない、と回答した。

揚子江の警備に当たっている巡洋艦1隻、砲艦11隻、駆逐艦、河用小砲艦各1隻から成る日本の第1遣外艦隊と佐世保の第24駆逐隊（樫、桃、柳、檜）が漢口・上海に向かい、上海の特別陸戦隊800名のうち134名が8月1日漢口に派遣された。

長沙奪回を企図した7万といわれる何鍵軍は、8月3日より長沙総攻撃を開始。何鍵軍の参謀は、碇泊中の各国軍艦の艦長を訪問して、「何鍵軍は同日紡績工場上手より強行渡河を決行すべきにつき、世界の公敵たる共匪駆逐に何分の御援助を乞う」と依頼した。何鍵軍は、5日、長沙奪回に成功。共産軍の長沙占領は約10日間で終わった。が、この間、3日朝、小鷹はふたたび共産軍と交戦している。6日午後、二見艦長が領事とともに入城早々の何鍵主席を訪問すると、何鍵は、「今回の事変は恐縮にたえず」と述べ、「今後治安維持と外国人保護に全力をつくし、世界人類の公敵たる共匪の撲滅を期す」と言明した。

漢口も共産軍の脅威にさらされ、人心は不安をきわめ、戒厳が布かれ、厳重な警戒ぶりであった。緊張は9月中旬まで続いたが、結局共産軍は攻撃をしなかった。後に米内光政第1遣外艦隊司令官は、日英両司令官は、共産軍が武昌側より渡河を企てた場合には共産軍に対し砲撃を加えることに意見が一致していたことを坂根領事に伝えている。もし共産軍が漢口への渡河攻撃を決行すれば、日英両国海軍は共同の軍事干渉を実施するところだったのである（以上の事実経緯は外交史料館史料以外は臼井『満州事変』、3−8。宇野重昭「中国の動向」、243−244。石川『革命とナショナリズム』、62による）。

すなわち、これが実施されていれば、日英共同による共産軍への軍事干渉、それへの蔣介石軍の協力という事態が生起したはずであり、局面は大きく変わった可能性があったわけである。敵を増やしたくない蔣介石にとって、閻錫山らと戦いつつ共産軍と戦うことにはできるだけエネルギーを割きたくなかったはずであり、この場合、日英は味方扱いであったと思われる。このあたりに、済南事件の「雪恥」といっても必ずしも長期的なものではなかったのではないかという推測が成り立つのである。

この内戦は9月に25万といわれた東北軍を擁する張学良が蔣介石を支援することを決め軍を動かしたことにより、蔣介石の勝利に終わった。張学良は11月に南京で開催された国民党第4次中央全体会議に出席、東北地方は国民党の支配下となったが張学良に一任されたような形にもなった。

その東北地方には東北政務委員会と東北交通委員会とがあった。この東北交通委員会は、一部既述のように南満州鉄道を二つの大幹線で包囲し無効にする計画を立て実行し始めていた。2線を北寧線（北平―瀋陽）に集中し、新しい良港と結ぼうとしたのである。このため7月に錦州近くの葫蘆島でドイツ資本による大規模港湾建設事業が始められていた。この構想が実現すれば、この2幹線と葫蘆島により輸送は大幅に短期化し、満鉄・大連利用は壊滅的打撃を受けるはずであった。幣原もこれは「支那側は自ら競争線を建設して満鉄を死地に陥れ」ようとしていると認識せざるをえなかった。

中国の反日活動。「打倒日本」のスローガンがあちこちに書かれた

幣原は、そのほかの満鉄包囲網線も含めて大幅な譲歩による交渉開始を指示、満鉄の木村鋭市理事と張学良との交渉が1931年1月から始まったが、5月には完全に暗礁に乗り上げた。4月に木村が張に語ったように、春に国民党が東北地方に本格的党部を設立して以来、反日活動が活発化し、それへの反発が日本側にも高まり、日中の世論の抑制が効かなくなりそうになってきたからである。

1931年2月、国民党の中央執行委員王鉄城は奉天に到着、本格的党部を設立、各省都市に党部を設け、演説・ビラの撒布など活発な反日活動を開始したのである。地方都市では、5月3日は惨案記念式（済南事件の日）を挙行、5月9日は国恥記念日として各機関・学校は休業、各戸に弔旗を掲げ、娯楽・

宴会を中止、学者・言論人の団体もしばしば集会を開き鉄道交渉における中国側を支援した。関東軍の首脳部将校の間では、この3月頃にはもう外交交渉による問題解決には見切りをつけ始める意見が多くなっていた。

民間の団体、満州青年連盟は1930年6月には葫蘆島問題のパンフレットを発行、以後活発な啓蒙活動を日本で行った。元来、満州は漢民族の独占的領地ではなく、満州人、朝鮮人、日本人などにも居住権があり、とくに多くの戦死者を出してロシアの南下占領を日露戦争により防いだ日本人には大きな権利がある、として、漢民族が朝鮮人、日本人を排斥する根拠はないという論理である。そして、日本による治安の維持、日本の投資による経済的発展とが、戦乱の中国本部と違い現在まで満州を発達させてきたのだ。しかるに、漢民族のため我々は追い出されそうになっている、というのが彼らの主張であった。

中でも排日運動で最も深刻な被害を蒙っていたのは満鉄関係者であった。満鉄の事業縮小のため、生活の脅威を受けた人々の訴えは次々に政府に寄せられた。7月26日、満州土木建築業務協会会長は、満鉄がこの年の既定の土木建築工事を全部中止すると決定したため、「我々業者は殆ど一箇年の休業状態に陥り、数万の従業員は生活の途に窮し実状惨憺たるものあり、此儘《このまま》放棄するに於ては由々敷《ゆゆしき》結果を招来すべく」と既定工事の復活を嘆願する電報を政府に送っている。

満鉄本社

当時の日本をいわゆる「帝国主義」と呼ぶとしてもそれは、権益を失うと大量の失業者が出るという甚《はなは》だ実力のない「帝国主義」国家なのであった。

「満蒙は日本の生命線」という言い方は、前満鉄副総裁で、政友会の衆議院議員であった松岡洋右《ようすけ》が1931年1月23日、第59帝国議会で幣原外相を詰問して言い出したことで、この言葉は大流行した。それは次のようなものであった。

「満蒙問題の解決はやがて国防上にも将《は》た又経済上にも、我が国の存立、安固を確保する所以」であり、満蒙問題は二十万の在留同胞とか、満鉄とか、何々利権が設定してあるとかいう問題ではなく、「満蒙に対する我が国の権益は全満蒙をおおっているもの」で、

「満蒙は特に我が国にとっては国防上からも、我が民族の経済的存在の上からも、実にこの生命線をなす」（松岡洋右「満蒙問題」、『福岡日日』1931・2・8、10・11）

これは大変危険な論理であった。幣原や重光が腐心していたのは、日本の条約上の正当な権益が中国の違法な主張と行動で覆されそうになっているという状況の訴えと改善であり、日本の権益が「全満蒙をおおっている」などという主張は国際社会の理解を得られないものだからである。

このような主張はむしろ当時の国際関係の中では中国を益し日本の立場を悪くするものであった。しかし、関東軍の幕僚らはこの松岡的論理をとることになるのである（以上、事実経緯は基本的にすべて、臼井『満州事変』10－25による。ただし、関寛治「満州事変前史」338、宇野重昭「中国の動向」242－245、石川『革命とナショナリズム』62も参照した。関は長沙暴動を、「長沙ソビエトを樹立することに成功した」としているが、焼打ち等については記述がない。中国史研究者によると、長沙暴動は中国では「長沙起義」といわれており、やはり焼打ち等については記述・研究がないとのことである。日本でも臼井氏以降研究はない。外交史料館史料を使った今後のさらなる研究が望まれる）。

第一九章

満州事変直前

1931年初頭、重光に近かった谷正之外務省アジア局長は、「支那側の要求に応て潔く之（権益）を放棄」するとして8カ所の租界の放棄と財政・法制・鉄道等に対し援助することを主張した。北京関税会議からわずか4年後で「はるか先」と言っていた事態になったのである。

谷はさらに、「由来米国に於ては他国との協同動作を好まず」、イギリスはアメリカに追随しまたクリスマスメモランダム以来それに従っていくだけなので、「対支列国協調殊に日英協調の回復は云うべくして行われざる所」とし、日英米間は問題が起きると「同一態度に出て得べきや否やを検討し、出来得べき場合は之を行い、出来得ざる場合にも其の出来得ざる所以を互いに知り合置くの方法に依り関係国間無益の猜疑を防ぐこと肝要なりと思考せらる」としたのであった（酒井、77―78）。中国への譲歩とワシントン条約以来のきしんでいる英米との関係を何とか維持しようとする姿勢を考えたのである。

しかし、1931年春、王正廷国民政府外交部長は5段階の革命外交の実行方策を発表した。第一期関税自主権回復、第二期治外法権撤廃、第三期租界回収、第四期租借地回収、第五期鉄道利権・内河航行権・沿岸貿易権回収というプログラムと詳細な説明とであった。

4月14日、この5段階の革命外交の実行方策について王正廷外交部長と会談した重光葵駐華代理公使は、そこに旅順・大連の回収が含まれていることを知り、それは、中国本土の不平等条約を改定してから良好な関係を作り、そのうえで満州問題を解決するというそれまでの日中外交間の「暗黙の了解」を最終的に無視し、一気短期間の問題解決を図ろうとするものであり、「全面的に日華関係をショウダウン（土壇場の決着点）に導こうとするものと認め」、「容易ならぬことだ」と思わざるをえなかった（重光、121―122。関、349）。

1931年7月2日、万宝山事件が起きた。東北地方長春の郊外で、移住してきた二百余人の朝鮮人が商租権のあいまいな水田に水路を作ろうとしたところ、中国側は中国人の土地を横切ったとし、また契約書の不備を理由に約200名の警官が9名の朝鮮人を逮捕した。日本側の工事の再開に対しては約400名の中国農民が水路を破壊。日本側は工事を中止させ抗議したが、日中間で銃撃戦となった事件である。

万宝山事件の現場。移住してきた朝鮮人農民と地元の中国人農民が対立した

このことが過大に報道された結果、4日から7日にかけては朝鮮で反中国暴動が勃発。119人の中国人が殺され、200人以上が負傷した。これ以降また中国で激しい反日運動が活発化した。

7月13日に上海で開かれた市民大会で排日決議が出されたが、これについて『上海タイムズ』社説は、排日貨を批判し、中国人が性急に行動して日本人の友好的態度を打ち壊す危険性を犯すのは本当に残念だと記している（後藤、233）。この時点までは日本への同情も結構あったのである。しかし、日本国内の対中国感情がさらに悪化したことはいうまでもなかった。

そこへ、8月17日日本軍人が満州奥地で殺された中村大尉事件が公表された。中村は現

殺害された中村大尉と井杉曹長

役の陸軍中尉で参謀本部の将校であった。護照（パスポート）を示した（ただし官吏としていた）にもかかわらず拘束され裁判もなく殺害されたうえに、遺体は焼却後埋葬、金品も奪われていた。日本の世論はさらに激昂した。

こうした状況について、満州事変時の参謀本部作戦課長今村均大佐は次のように語っている。

私自身も、関東軍幕僚は、よく中央と協調し、機の熟するまで隠忍すべきであったと思わないわけではない。けれども現地満州に駐屯していた将校の身になってみれば、毎日毎日、幾千居留民が『又満人にぶたれた』『つばきをはきかけられた』『うちの子供が学校へ行く途中、石をぶちつけられた』『家の硝子《ガラス》はめちゃめちゃにこわされてしまった』『排日排貨運動で、店の品物は一つも売れない』『満人はもう野菜を売ってくれなくなった』『満鉄は満州側の妨害、彼のつくった併行線のため、もう毎年毎年赤字つづきで、持ちきれなくなってしまっている』と連続泣きつかれ、それ等の事実を、眼の前にしていては、血のつながっている同胞の苦境に、ことごとく同情し、憤慨に血をわきたたせるようになったのは自然である。我が外交機関の行なう幾十の抗議なり、交渉なりは、一つとして彼に顧みられず、軍の幕僚以下、鉄道沿線に駐屯している部隊将兵の興奮がもう押えきれないようになってしまったのはやむをえなかった。（今村、２１０）

この場合、こうした満州にいた日本人というのは、官吏や満鉄のエリート社員を別にすると、大多数は先にも述べたように次のような形で追い詰められていた人々なのだった。

引き上げたらよいという人もいるが、（中略）日本内地に残しておいた僅かばかりの田地財産は、二十幾星霜の間に（中略）皆兄弟親戚乃至村人等に食い潰されて仕舞って、在満邦人としては帰るべき日本内地のスペースがないというのがその実情である。（中略）在満二十万の邦人は（中略）その働き盛りを満蒙の地でお国の為第一線で働いて、ようやく築き上げた生活の基礎を、今日では支那官憲から顚覆され、あまつさえ敵人扱いを受け（中略）帰るに家なく、働くに商売もなく、今は只鰻の寝床の如き満鉄付属地及び関東州で、自己の貯金を寝食して居る次第である」

（満洲青年聯盟史刊行委員会編、389−390）

ここには日本人側の主張だけが述べられており、今村が言った「やむを得なかった」ことから軍事行動が認められるというわけではもちろんないが、日中間が爆発点まではあと一歩であったことは理解できよう。

9月18日、関東軍は列車爆破を名目に軍事行動を起こす。

第二〇章
結びに

　この日露戦争から満州事変に至る時代、革命と内戦という中国の大きな変化の中で、日本は、まず、一部では中国を支援し歓迎され、他方では同じ中国から被害を受けて世論は激化し、また権益を拡大し長期化しようとして反発を買い、多くの期間基本的には中立を保ちつつ、それでいて内部に大きく関与する、という形で中国の変化とともに各側面で様々なかかわりを持ち、事態は転変錯綜していた。

　その後ワシントン条約が結ばれ、以後は幣原を中心にして日本は米英に従いこの条約に最も忠実に行動した。しかし、中国の不平等条約への反発は、一旦はイギリスに向かった時期もあったが結局は、米英との融和による日本の孤立化へと向かった。米英はワシントン条約的協調主義を放棄していち早くこれに呼応したので、日本の孤立は深まった。中国の急進的な不平等条約解消運動は日本を追い詰める形となったのである。

そして、中国と英米との融和も最終局面ではやや綻《ほころ》びが見え始め、中国の強硬論に業を煮やしたイギリスが日本への共同行動の提案を始めかけていたが、日本がそれに応じるより早く、日本内部の急進主義者はそれまでの急追に我慢することができず軍事行動を起こしてしまった。

中国の不平等条約反対運動は当時の条約を無視する過激なものであったから、列車爆破を別にすると、日本軍の行動に自衛行為の部分があったといえないわけではないことは、リットン報告書も認めたことであった。とくに列車爆破が謀略であることを知らなかった日本国民がそのように考えたのは無理もないところがある。

しかし、中国に条約違反があったとしても、それに対して軍事力で現状を変更することは明白な9カ国条約への違反行為であった。まして、遼東半島と満鉄沿線周辺という日本の権益を大きく越えた軍事行動と占領は当時の国際社会から認められるものではなかった。この点で、軍の突出した部分は短慮であり、国際感覚がなかったことは否定できない。

最後にこうした日本側の問題点をいくつかの面から見ていきたい。

(1)「民族自決主義の時代」

第一次大戦後の時代は大きな流れとして植民地主義からの離脱という、理想主義的な方向が言説世界を中心に作動を開始した時代であったことはすでに見たところである。満州事変を起こした日本ですら満州を占領統治しなかった一因は「民族自決主義」に配慮したためと見られている。

ただ、「言説世界を中心に作動を開始した」とわざわざいわざるをえないのは、実態がそうではなかったからである。

念のため実態を簡単に見ておこう。

イギリス――インドに対し、半民主的統治組織を州に採用したモンタギュー・チェルムズフォードの改革*を行い自治領の地位を約束したが、国民会議派の「独立の日」(1930年)の祝い**を抑えられなかった。そして、ランカシャーの綿製品へのボイコット運動や広汎な市民の不服従運動を回避できなかった。

オランダ――自治の供与など全く考えず「道徳的政策」をとり思いやり深く見せようと

したが、スカルノら革命運動には弾圧を加え、沈黙させるばかりであった。
フランス——「インドシナ社会の不安」を前に、イエンバイの反乱***（1930年）のような激しい民族運動には厳しい弾圧を加えた。そして中国からの革命家・革命思想の流入を防ごうとした。
アメリカ——フィリピンの独立を迫られたが簡単に許可したわけではなく、1934年にアメリカ議会で初めて10年後の独立を保証するフィリピン独立法が成立したが、独立は戦後となった。（ソーン、51）

*モンタギュー・チェルムズフォードの改革＝インド大臣モンタギューと総督チェルムズフォードの報告（1918年4月）による「1919年インド統治法」の内容。立法と行政で州に意味を与えたが、総督とその行政部の絶大な権限はほぼそのままであった。

**国民会議派の「独立の日」（1930年）の祝い＝インド国民会議派は1929年末の定期大会でインドの「完全独立」をめざす決議をあげ、翌年1月26日に国民会議派の旗（独立後のインド国旗の原型）をインド全土で一斉に掲げることを決め、実際に地方組織による式典が各地で催され、旗が掲げられた。

***イエンバイの反乱（1930年）＝1930年2月インドシナ半島ソンコイのフランス軍要塞イエンバイで、ベトナム国民党のグエン・タイ・ホックが指導し起きた大規模なベトナム兵による反乱事件。反乱は各地に広がり独立運動化したが、フランスは徹底的に弾圧した。

ウイルソンと同じく民族自決を説いたレーニンのソ連も、実は中国に対して最初の軍事力を行使した軍事優先の利権国家であったことはすでに記したところである。

だからそこには一種の言行の不一致のような偽善を感じさせられるところがあり、近衛文麿の「英米本位の平和主義を排す」的なものも出てくるのだが、マスメディアの発達した20世紀の大衆社会を動かすのはむしろ大衆に与える好印象のイメージなのであり、そうした言説世界の表象なのである。日本は「民族自決」の側にいるかどうかが大事なことだったのだ。

こうして見ると、何か問題が起これば不平等条約を結ばされている側に「国際世論」が傾斜する時代が始まっていたことに十分に理解が行き届かず、その動向ならびにそれを味方につけるという方策を身につけていなかったという点で、当時の日本（人）は大きく立ち遅れていたと指摘せざるをえないであろう。

（2）国際連盟

この点で重要なのは国際連盟での動きであるからもう少し詳しく見ておこう。

1920年に成立した国際連盟において日本は理事国となり、新渡戸稲造・杉村陽太郎と

新渡戸稲造

二代続けて事務次長を輩出。新渡戸は知的国際協力委員会を作り、キュリー夫人の委員就任に成功するなど大きな成果を挙げていた。連盟の日本代表を務めた安達峰一郎は1931年常設国際司法裁判所所長に就任している。また、国際連盟の行政部門の中で最も成功していた保健衛生部門には宮島幹之助がいて活躍していた。だから日本は「国際連盟に対する十分に信頼に足る加盟国」（篠原、193であり、責任も大きかった。

この頃一つの国際的流れとして戦争違法化ということがあった。サン・ピエール、ルソー、カントらの思想と関連しつつ、1791年フランス憲法、1907年ポーター条約（第2回ハーグ平和会議で決められた、契約上の債務回収のためにする兵力使用の制限に関する条約）などに端緒的にそれは現れていた。

そして、1919年ヴェルサイユで調印された「国際連盟規約」の前文に「締約国は戦争に訴えざるの義務を受諾し」と規定され、その第12条【国交断絶に至る虞のある紛争】第1

項で「連盟国は、連盟国間に国交断絶に至るの虞ある紛争の発生するときは、……いかなる場合においても、戦争に訴えざることを約す」と宣言された。

そして、それは（結局成立には至らなかったが）1923年（英仏北欧諸国など）の相互援助条約、1924年のジュネーヴ平和議定書の戦争禁止・戦争違法化条項となり、1928年の不戦条約につながる。不戦条約＝「戦争放棄に関する条約」（全3条）では、前文に「人民間に現存する平和及び友好の関係を永久ならしめんがため、国家の政策の手段としての戦争を率直に放棄すべき時期の到来せしことを確信し」とあり、その第1条【戦争放棄】には、「締約国は、国際紛争解決のため戦争に訴うることを非とし、かつその相互関係において国家の政策の手段としての戦争を放棄することを、その各自の人民の名において厳粛に宣言す」とある。自衛の戦争は認められたし、制裁条項を欠いているので実効性には最初から疑問のあるものであったが、国際的に決められたことであり、よく知られているように日本もこれを批准したのである。

しかし、ジュネーヴ平和議定書（1924）から不戦条約（1928）に至る戦争を国際法上違法とするこの間の一連の動きの中で、日本はこれらに対し極めて消極的であった。これらに前後して国連で「被侵略国財政援助条約」や「戦争防止条約」が議論されている時も消極的であり、澤田節蔵国連大使は、日本が国連常任理事国でありながら唯一前者に未署名で

「難癖」をつけているので、イギリスや連盟事務局から疑惑を持たれていると外務省に伝えている（1931・3・10、篠原、163）。

このように、日本が満州事変という〝戦争〟を起こす前から、国際連盟では、日本が戦争規制の国際的枠組強化には消極的なことはある程度認知されていたのである。

（篠原、163－164）

これは全く未成熟な対応であった。これでは、仮に満州問題で百パーセント自衛的行動をとったとしても侵略と断定されかねない疑惑の種を自ら蒔《ま》いているようなものであった。

確かに、問題の根源たるジュネーヴ平和議定書に日本が消極的であった事情は複雑なものだった。連盟規約ではある紛争が国内管轄権問題と認められるなら国連は関与しないことになっているのに、ジュネーヴ平和議定書では国内管轄権問題と認められた紛争でも先に攻撃した国が侵略国として制裁を受けることになっていた。日米移民問題で、アメリカは国内管轄権問題だとしていたので、国連がこの議定書を認めると理事会は関与せず、しかも先に攻撃した国が侵略国として制裁を受けることになる。ここに日本は問題を感じたのだった。そこで日本は、国内管轄権問題でも連盟理事会は紛争解決の処理案を示す義務があるという修正案を提議したのである。しかし、この時点まで日本は紛争の解決枠組みの強化には反対していたので、これは紛糾化自体が目的だという憶測を呼んでしまったのである（篠原、159−164）。

こういう場合、時間をかけて何度も記者会見するなど様々な形でアピールをして、日本の立場を十分に説明しておけば相当に事態は変わったのではないかと思われ、ここに日本の不十分さを見ざるをえないのである。

アヘン問題も国連で日本の国際感覚が問われた問題だった。

当時、中国でのアヘン吸引は国際的関心を引く問題だったなか、インドやトルコでできたアヘンが日本（台湾）で加工されモルヒネ・コカインとして輸出されていることが問題となった。日本政府は否定したが実際に押収した製品に日本産が多かった。日本国内でも規制を求める声もあったが、国内で吸引していないので関心が低いうえに実態の把握が困難で、製薬業の発展という見地からも政府は消極的であった。このため、国連のアヘン委員会の委員長や副委員長に日本人をつけようとするのを日本は度々断った。

ところが欧米の宗教団体や女性団体はこの問題に熱心で1924年から開かれたアヘン会議を傍聴、1925年の第6回総会にはウイルソン大統領未亡人も傍聴した。この会議の日本代表佐藤尚武は政府に注意を喚起したが、かえって「外国かぶれ」と非難される有様だった。このような注目される人道的問題は日本の「品位」が問われているという感覚が日本の外務省などの役人に乏しかったのである（篠原、158−159。国連に関する事実は全体にわたり篠原による。アヘン問題について詳しくは次の優れた研究を参照。後藤春美『アヘンとイギリス帝国――国際規制の高まり1906〜43年』山川出版社、2005）。

これらは「平和」や「アヘン」など世界の社会運動団体が大きくかかわる人道上の問題が、日本のイメージにとってどれだけ重要かという意識が乏しいところからきた対応であり、イメージがよくない状況下で、満州事変のようなことが起こると世界の世論をいっぺんに敵に回してしまいかねないという意識の希薄さからきたことであった。この点に日本に大きな手落ちがあったことは何度も指摘されるべきことなのである。

（3）「大国としての責任」

さらに、とくに軍人に欠けていたのがずさんな謀略が国際的な印象を悪くすることとの感覚の希薄さであった。

済南事件では軍事力の行使に国際的理解を求める努力が中国に比べ大きく欠けていたが、ましてや中国の不平等条約撤廃に対する抗議活動がどんなに性急であり既存の条約無視であっても、張作霖爆殺事件や満州事変などの謀略事件が国際的信用をいかに失うかについての認識は決定的に不足していた。急いで実行したという事情もあるようだが、日本軍の手によって行われたことがすぐに中国と世界に判明して決定的に信用を落としたのだった。

それまで、中国の内政に軍人が深く入り込み、郭松齢事件などの謀略に成功していたことで認識が甘くなった面があるのだろうが、その国際感覚は当時の日本がおかれた地位にふさわしいものではなかった。

この点、重光葵は次のように言っている。

大正期の日本は世界の五大国・三大国の一つとまでいわれるようになり、「日本の世界平和に対する地位は大であり、人類文化に対する責任は極めて重かった」。「明治以来の粒々辛苦の努力を忘れることなく」「責任を充分に自覚し、常に自己反省を怠ることなく、努力を続けることによってのみ」この責任は果たされるはずであった。「然るに、日本は国家も国民も成金風の吹くに委せて、気位のみ高くなって、内容実力はこれに伴わなかった。日本の地位は躍進したが、日本は、個人も国家も、謙譲なる態度と努力とによってのみ大成するものである、という極めて見易き道理を忘却してしまった」。

パリ会議で、日本は山東権益を得たが、その「外交的勝利」は中国の調印拒否・激しい排日運動を経てワシントン会議での山東返還となるのであり、結局「大局から見れば日本はまだ大国として成長していなかったわけである」。（重光『昭和の動乱』上、17）

(4) 大衆世論・ナショナリズムの時代

陸軍の急進的行動の背後には、新聞の煽動により満州事変を熱狂的歓呼で迎えることになる大衆の世論があった。それは、日比谷焼打ち事件・憲政擁護運動・米騒動・反アメリカ排日運動・反中国排日運動という形をとり、明治末以来顕現してきた大衆の政治的力の発露でもあった。これらは、大衆運動として連続して見られるものである。とくに中国に対するものはマグマのように溜まっていて満州事変に際し、その爆発的支持という形で発露したといえよう（詳しくは、筒井『昭和戦前期の政党政治』、215―220参照）。

大正後期以降は知識人的国際協調主義の強くなっていた時代であっただけに、大衆的ナショナリズムは強い力で抑制されマグマのように溜め込まれており、満州事変以降爆発的に表に現れたものと見られる。

すなわち、この時代は、加藤高明の護憲三派内閣成立・普通選挙制度成立につながる平等主義的政治的要求が一般化していった時代であり、大衆の政治参加という事実がすべての根底に存在していた。参政権の獲得により日本の権益への侵害は国民一人一人の利益への侵害と受け止められるようになってきてこそ、それへの被害者意識と報復を求める感情は巨大な、ある場合には統御できないものとまでなるのである。それが大衆デモクラシー時代の大衆ナショナリズムというものであり、急進的軍人の背後にはそれが存在する時代を日本はこの時期に迎えたのだった。ここに現代大衆社会におけるナショナリズムの取り扱いの難しさがあるといえよう。

それとの関連で、マスメディアが、いつも事態を過大に伝え紛争を拡大させる機能ばかり果たしたことが大きかったことも、重要なこととして書き添えておきたい。すでにいくつもの例を挙げてきたが、重光は、既述の1931年4月の王正廷との会談後、中国の国権回復の激しさを警告した本省宛の極秘電報が、白鳥敏夫外務省情報部長を通じ岩永裕吉連合通信社長により中国に報道され、国際関係を大きく悪化させた「有害」さに深い「失望」感を表している（重光『外交回想録』、122—123）。

このことをわざわざここに書いたのは、この場合は、たんにマスメディアだけの問題ではなく、政府の情報管理という問題も含まれているからである。大衆世論に対する政府の危機意識の薄さは、国内だけでなく、国際世論を味方にするという点でも日本が大きく立ち遅れるという事態に結びつき、満州事変、さらに日中戦争から日米戦争へと破局を迎えることになるのである。

（5）政軍関係

陸軍と政治の問題に関しては、伊藤博文が明治末に児玉源太郎を押さえたところに政治による軍の統制という面があったことは記したが、大正期には中国において多くの軍の独立行動を生み出すことになっていたことは見た通りである。昭和期になって初めて軍がそうした行動を始めたわけではない。

その策謀が成功することもあれば、未然に阻止されることもあり、成功することもあったということは28～33頁に記した通りである。しかし、そうした事態の積み重ねが昭和の事態を生んだことも重要である。郭松齢事件などの謀略に成功していたことが、張作霖爆殺事件や満州事変のような「下克上」的謀略事件を生んだのだった。

そして、大正期に比すと、こうした傾向は昭和前期にいっそう活性化し、出先のそして佐官級の中堅幕僚やついには尉官級の青年将校が軍の中枢部の言うことを聞かずに独断専行を繰り返すことになるのである。

この点で、張作霖爆殺事件と満州事変、とくに後者の「成功」は、のちの日中戦争、太平洋戦争につながる歴史にとっての影響が大きかったといえよう。そして両事件はともに、大正期の双葉会・木曜会を経て一夕会《いっせき》に至る永田鉄山ら佐官級の軍人が大きく関わっていた。彼らは古い陸軍の長州閥につながる体制を打破しようとしたのだが、そこにはやはり「大正デモクラシー」につながる意識を見出すことができるであろう。

そして一九三一年の三月事件・十月事件といったクーデター未遂事件から、一九三六年の二・二六事件のような尉官級の青年将校の首謀者らに至ると、そこには米騒動など大正期の大衆反乱と大きなつながりがあることがいっそうはっきりとわかるだろう。

ただ、この大正期のデモクラシー・大衆の影響力の増大と陸軍の下克上的傾向という問題については、すでに『昭和戦前期の政党政治』『二・二六事件とその時代』『二・二六事件と青年将校』『昭和十年代の陸軍と政治』で詳しく論じたので、それらを参照されたい。

ここでは、大正期から昭和期に至る日中間の係争に軍部、とくに陸軍が大きくかかわっており、様々な謀略がすでに行われていたこと、そしてそのことが昭和期の「暴発」の重要な要因であったことを確認しておきたい。

大正期の帰結としての昭和初期という視点が重要なのである。

(6)「堅実に行き詰まる」

最後に、危機の時期における日本外交についてのエピソードをもって結びとしたい。1931年4月24日、王正廷国民政府外交部長と会談後帰国した重光葵代理駐華公使は、永井松三外務次官・谷正之アジア局長ら外務省首脳部を前に、中国の激しい利権回収・排日運動は「民族解放主義思想」に基づくものなので、「とうてい人為でこれを阻止することは不可能である」とまず指摘した。そのうえで重光は、日本は不平等条約の根本的改定に常に先鞭をつけ好意を示すべきであり、そうすれば突発事態が起きても日本の立場を明示し、列国の理解を得ることができ、次の行動が容易になるとして、蘇州・杭州の居留地の返還を提議したのだった。これは外務省作成の治外法権交渉の大綱案にも含まれた。

しかし、幣原からは枢密院の了解のいることであり、今の政府にその力はなく「とうてい実現不可能だ」と告げられた。そこで、重光が提議したのは、「軍部の態度を慎重にせしめ」「衝突を起こさぬように努め」「日本の世論を導く」とともに、衝突が起これば国際連盟に必ず取り上げられるので、「国際的な場所に出されても、日本の立場は外国を納得せしめ得る公明正大なもの」にしておくべきであるということであった。すなわち、中国の条約上の違法行為を米英などにあらかじめ十分に納得されるように理解させておく必要があるということである。

事態がここまで逼迫してしまうと日中間は行き詰まらざるをえないであろうが、それは「『堅実に行き詰まる』ということでなければならない。そのためにあらゆる外交上の手段を講ずることが必要である」というのが、重光らの最終的結論であった（重光、123―126、関、350、酒井、79）。

重光はこのため、国民政府の中枢人物宋子文《そうしぶん》財政部長と親密に協議し、9月20日に二人で上海を出港、北京で張学良と相談説得したうえで、大連で内田康哉満鉄総裁と解決策を案出する予定をたて船室も確保していた。

しかし、この手立てが尽される前に9月18日満州事変は勃発した。「堅実でない形で行き詰まった」のである。日本外交に危機が迫った時に必要で可能な手立ては、不測の衝突回避の手段を尽し、不必要で過激な行動・議論が突出しないよう沈静化を図り、万一衝突が起きた時には日本の正当性を世界に認めさせうるアピールを十分に行っておくという意味でのこの「堅実に行き詰まる」ことを追求するということしかないであろう。

重光らが「『堅実に』を合言葉とし」たという時、それは、「日本の立場」を「国際的にしっかりしたものにしておかなければならない」ということなのであり、この姿勢さえ貫徹されていれば何が起きても恐いものはなく、そこから「行き詰まり」すら回避できる局面が開かれるかもしれないのである。現にイギリスは治外法権撤廃問題で中国の強硬策に愛想を尽かし日本に接近しかけていたのだった。しかし、日本がいつも弱いのはこのあらかじめ「国際的にしっかりしたもの」を作るための手段と能力の確保ではないだろうか。

おわりに

「はじめに」で書いたように、太平洋戦争→日中戦争→満州事変という形で要因をさかのぼって、昭和史の根源をあらためて探究したいという趣旨で原稿を書こうと思った時は、400字詰め50枚ぐらいの分量になる予定であった。ポイントさえ押さえればすむと思っていたのである。その時は、旧稿を集めた本を作る時に1章として加えられればいいぐらいに考えていたともいえる。それが、調べて書き始めると、何か自分にとって本質的なものに引きずりこまれるような形でぐんぐん進み出し、さらに調べ、さらに考え、さらに書き、としているうちに、とうとう1冊の本になってしまった。

これまでにないことであり、自分としても思いのほかのことであった。これをやっておかなければ前に進めないテーマというものが人それぞれにあるものだが、私にとってのその数少ない一つがこれだったのだと思う。こういうことを人は、後から気づかされるということもあるものなのだ。

書きながらふと思い出したのは、小さい時の父母と姉たちの会話ではことあるごとに、「マンシュウの」「シンキョウでは」といった言葉が飛び交っていたことだった。大きくなるに従って、それは「満州」「新京」であり、日本の後押しで中国東北地方に作られた国とその首都の名前であることがわかってきた。

そこに在留した日本人たちの「満州」に対する独特の感慨は、戦後の日本人の感情のなかでも、後の世代には容易に伝え難いものの一つであると思う。誰もがそこに強い郷愁を感じていたが、誰もがそれをそのまま表すことが好ましくないことも知っていたのだった。

さて、そうすればなおさら、どうして私の家族をはじめとした多くの日本人がそこに行くことになったのか、そこでは何が行われていたのか、気にならずにはおられない問題となっていたのであった。

本書は、私的に言えば、その意味での私なりの決算書である。と同時に、これまで書いたなかでも最も客観的に書くことがむづかしい書でもあった。それでも、特定の立場にとらわれたものにならないよう、できるだけ客観的に書いたつもりである。それが成功しているかどうかは読者の判断にゆだねるしかないだろう。

史料については、防衛省防衛研究所戦史研究センター主任研究官岩谷將氏に、校正については帝京大学専任講師渡辺公太氏にお世話になった。謝意を表したい。

戦後70年という年に本書を出版することの意義を十分に理解してくださり、無事出版にこぎつけてくださった中公選書編集長横手拓治氏のご厚意にも謝意を表したい。

２０１５年7月

筒井清忠

参考文献

麻田貞雄『両大戦間の日米関係――海軍と政策決定過程』東京大学出版会、1993
麻田雅文『満蒙　日露中の「最前線」』講談社選書メチエ、2014
阿部洋『中国の近代教育と明治日本』福村出版、1990
家近亮子「北伐から張作霖爆殺事件へ」筒井清忠編『昭和史講義』ちくま新書、2015
五百旗頭真編『日米関係史』有斐閣、2008
石川禎浩『革命とナショナリズム　中国近現代史③』岩波新書、2010
今村均『今村均回顧録　正・続』芙蓉書房出版、新版1993年
入江昭『極東新秩序の模索』原書房、1968
アーサー・ウォルドロン編、ジョン・アントワープ・マクマリー著、北岡伸一監訳・衣川宏訳『平和はいかに失われたか』原書房、1997
臼井勝美『日中外交史――北伐の時代』塙新書、1971
『日本と中国――大正時代』原書房、1972
『満州事変』中公新書、1974
「満洲事変と幣原外交」『筑波法政』1、1978

『日中外交史研究――昭和前期』吉川弘文館、1998
宇野重昭「中国の動向」日本国際政治学会編『太平洋戦争への道　第二巻　満州事変』朝日新聞社、1962
江田憲治「在華紡と労働運動」森時彦編『在華紡と中国社会』京都大学学術出版会、2005
大杉一雄『日中十五年戦争史』中公新書、1996
大山梓編『山県有朋意見書』原書房、1966
外務省編『日本外交文書』〈ワシントン会議〉上下、1977・1978
片山慶隆『小村寿太郎――近代日本外交の体現者』中公新書、2011
川島真『中国近代外交の形成』名古屋大学出版会、2004
『近代国家への模索　中国近現代史②』岩波新書、2010
「二十一箇条要求と日中関係・再考――中国側の対応を中心に」川島真『近代中国をめぐる国際政治』歴史のなかの日本政治3、中央公論新社、2014
川島真・服部龍二編『東アジア国際政治史』名古屋大学出版会、2007
菊池貴晴『増補中国民族運動の基本構造』汲古書院、1974
北岡伸一『日本陸軍と大陸政策――1906−1918年』東京大学出版会、1978
『官僚制としての日本陸軍』筑摩書房、2012
北岡伸一・歩平編『日中歴史共同研究　報告書　第2巻　近現代史篇』勉誠出版、2014
栗原健編『対満蒙政策史の一面――日露戦後より大正期にいたる』原書房、1966
小池聖一『満州事変と対中国政策』吉川弘文館、2003

黄自進『蔣介石と日本――友と敵のはざまで』武田ランダムハウスジャパン、2011
後藤春美『上海をめぐる日英関係　1925―1932年』東京大学出版会、2006
小林道彦『政党内閣の崩壊と満州事変　1918～1932』ミネルヴァ書房、2010
酒井哲哉「「英米協調」と「日中提携」」近代日本研究会編『協調政策の限界』山川出版社、1989
桜井良樹『辛亥革命と日本政治の変動』岩波書店、2009
佐藤公彦『中国の反外国主義とナショナリズム――アヘン戦争から朝鮮戦争まで』集広舎、2015
佐藤誠三郎『「死の跳躍」を越えて――西洋の衝撃と日本』都市出版、1992
佐藤元英『昭和初期対中国政策の研究――田中内閣の対満蒙政策』原書房、増補改訂新版、2009
重光葵『昭和の動乱　上下』中公文庫、2001
『外交回想録』中公文庫、2011
篠原初枝『国際連盟』中公新書、2010
菅野正「辰丸事件と在日中国人の動向」『奈良大学紀要　11』1982
鈴木武雄監修『西原借款資料研究』東京大学出版会、1972
関寛治「満州事変前史　一九二七年―一九三一年」日本国際政治学会編『太平洋戦争への道　第一巻　満州事変前夜』1963
クリストファー・ソーン、市川洋一訳『満州事変とは何だったのか　上・下』草思社、1994
高橋勝浩編「『出淵勝次日記』(二)――大正十二年～大正十五年」『国学院大学日本文化研究所紀要』85、2000
高原秀介『ウィルソン外交と日本　理想と現実の間　一九一三―一九二一』創文社、2006

高光佳絵「戦間期アジア・太平洋秩序と国際的民間団体――アメリカ政府の'political missionary'」川島真編『近代中国をめぐる国際政治』歴史のなかの日本政治3、中央公論新社、2014
高村直助『近代日本綿業と中国』東京大学出版会、1982
田中義一伝記刊行会編『田中義一伝記　上・下』田中義一伝記刊行会、1957―60
千葉功『旧外交の形成――日本外交一九〇〇～一九一九』勁草書房、2008
筒井清忠『昭和戦前期の政党政治――二大政党制はなぜ挫折したのか』ちくま新書、2012
鶴見祐輔『後藤新平1～4』勁草書房、1965―1967
フレドリック・ディキンソン、奈良岡聰智訳「第一次世界大戦期の加藤外交と日米関係」川田稔・伊藤之雄編『二〇世紀日米関係と東アジア』風媒社、2002
栃木利夫・坂野良吉『中国国民革命――戦間期東アジアの地殻変動』法政大学出版局、1997
戸部良一『日本陸軍と中国――「支那通」にみる夢と蹉跌』講談社選書メチエ、1999
長田彰文「アメリカの台頭とアジアのナショナリズム」井上寿一編『日本の外交　第1巻　外交史戦前編』岩波書店、2013
奈良岡聰智「加藤高明と二十一カ条要求――第五号をめぐって」小林道彦・中西寛編『歴史の桎梏を越えて　20世紀日中関係への新視点』千倉書房、2010
『対華二十一ヵ条要求とは何だったのか――第一次世界大戦と日中対立の原点』名古屋大学出版会、2015
西田敏宏「東アジアの国際秩序と幣原外交――一九二四～一九二七年――」(一)『法学論叢』147巻2号、(二)『法学論叢』149巻1号、2001・2002

イアン・ニッシュ、宮本盛太郎監訳『日本の外交政策』ミネルヴァ書房、1994
秦郁彦『太平洋国際関係史』福村出版、1972
波多野勝『近代東アジアの政治変動と日本の外交』慶応通信、1995
『満蒙独立運動』PHP新書、2001
服部龍二『東アジア国際環境の変動と日本外交――1918―1931』有斐閣、2001
『幣原喜重郎と二十世紀の日本　外交と民主主義』有斐閣、2006
服部龍二編『満州事変と重光駐華公使報告書――外務省記録「支那ノ対外政策関係雑纂〈革命外交〉」に寄せて』日本図書センター、2002
馬場伸也『満州事変への道――幣原外交と田中外交』中公新書、1972
「北京関税会議と日本」細谷千博、綿貫譲治編『対外政策決定過程の日米比較』東京大学出版会、1977
藤井昇三「21ケ条交渉時期の孫文と「中日盟約」」市古教授退官記念論叢編集委員会編『論集近代中国研究』山川出版社、1981
「孫文の対日態度　辛亥革命期の『満州』租借問題を中心に」石川忠雄教授還暦記念論文集編集委員会編『現代中国と世界――その政治的展開』慶応通信、1982
古瀬啓之「オースティン・チェンバレンと『一二月覚書』（Ⅰ）（Ⅱ）」『政治経済史学』483、484号、2006
細谷千博・斎藤真編『ワシントン体制と日米関係』東京大学出版会、1978
満洲青年聯盟史刊行委員会編『満洲青年聯盟史』原書房、1968

三谷太一郎『大正デモクラシー論　吉野作造の時代とその後』中央公論社、1974
簑原俊洋『排日移民法と日米関係』岩波書店、2002
『カリフォルニア州の排日運動と日米関係――移民問題をめぐる日米摩擦、1906〜1921年』神戸法学双書、有斐閣、2006
宮田昌明『英米世界秩序と東アジアにおける日本――中国をめぐる協調と相克1906〜1936』錦正社、2014
A・J・メイア、斉藤孝・木畑洋一訳『ウィルソン対レーニン』I・II、岩波書店、1983
山本四郎『山本内閣の基礎的研究』京都女子大学、1982
横山宏章『中華民国　賢人支配の善政主義』中公新書、1997
『素顔の孫文』岩波書店、2014
Frederick R. Dickinson, *War and National Reinvention: Japan in the Great War, 1914-1919*, Harvard University Press,1999
「長沙ニ於ケル共産匪暴動事件／邦人保護及被害関係〔損害賠償問題ヲ含ム〕付帝国軍艦冬営問題第一巻、外務省外交史料館、外務省記録A門、政治、外交、6類諸外国内政、1項、支那国、5日内乱、暴動、1〜3頁

な　行

は　行

さ 行

た 行

索　引

写真は国会図書館、読売新聞社、中央公論新社を出所とするものを使い、また『1億人の昭和史』（毎日新聞社）などより戦前の歴史的写真を使用した。なお、引用された史料については、カタカナをひらがなに改め、一部にルビを振ったところがある。（編集部）

中公選書　022

満州《まんしゅう》事変《じへん》はなぜ起《お》きたのか

2015年8月7日　初版発行

著　者　筒《つつ》井《い》清《きよ》忠《ただ》

発行者　大橋善光

発行所　中央公論新社

〒100-8152　東京都千代田区大手町1-7-1
電話　販売 03-5299-1730　編集 03-5299-1840
URL http://www.chuko.co.jp/

印　刷　凸版印刷
製　本　凸版印刷

Published by CHUOKORON-SHINSHA, INC.
Printed in Japan　ISBN978-4-12-110022-1 C1321

中公選書 刊行のことば

電子化と世界標準化の時代を迎えて、わたしたちはいま、価値転換のダイナミズムのなかにいます。多様で複雑な課題に囲まれており、そのどれもが、深い思索をくり返さないと、解決への道は拓けないものばかりです。しかし、わたしたちには一つの信頼があります——知はしなやかで、自在である。問題解決に向かう、着実な歩みができるものである、と。混沌とした世界で、確かな知の営みをすすめる——それが新しいシリーズ、中公選書の決意です。

2011年11月　中央公論新社